तुम... मैं... and Things Around...

हिमांक कलाल

ISBN 979-8-89233-339-9

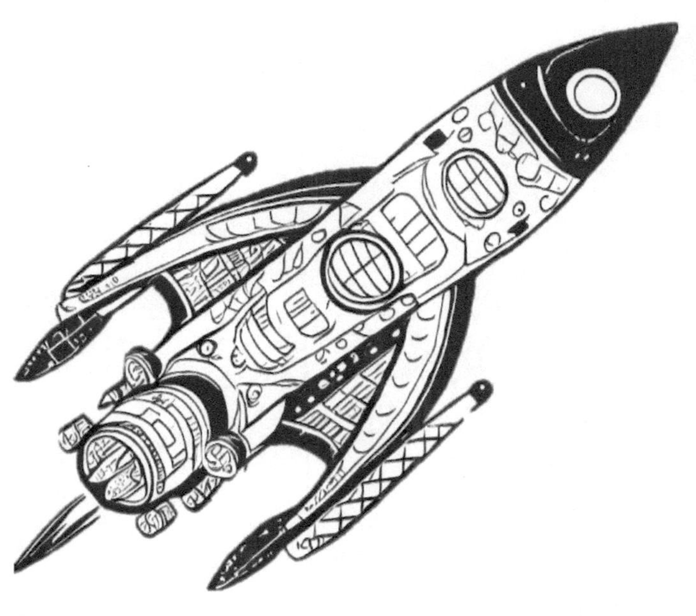

अंतर्वस्तु

तुम... मैं... and Late Nights...

तुम... मैं... and Things Close to My Heart

तुम... मैं... and Blah! Blah! Blah!

किताब के बारे में...

तुम... मैं... and Things Around... इसे किताब कहूं या एक जादुई दुनिया?

मुझे लगता है की ये किताब एक time machine की तरह है जो आपको उन पलों का सफर करवा सकती है... जहाँ से लौट के आने का मन ही ना करे... तो चलो इस सफर के बारे में कुछ बता दूँ, इसका सबसे पहला सफर है **तुम... मैं... and Nineties...** जो आपको दूरदर्शन की महफिलों से होते हुए... Cassette के गीतों तक ले जायेगी, फिर आपको Radio, Typewriter, अठन्नी, Walkman, सबसे मिलवाएगी... बचपन के उन लम्हों का स्वाद चखाएगी... जिसकी लज़ीज़ खुशबू आज भी आपके ज़ेहन में घुली हुई है... नब्भे के दशक की कई खूबसूरत यादें ताज़ा हो जायेगी... और रूह को ठंडक मिल जायेगी...

फिर मोड़ बदल के ये आपको सीधे इश्क़ के शहर में खड़ा कर देगी और इस शहर का नाम है... **तुम... मैं... and Late Nights...** यहाँ से इश्क़ बहुत सुन्दर नज़र आता है... यहाँ पे mobile के किनारे हैं, nutella की शरारतें हैं, नाखूनों की खरोंचे और टूटे दिल के अफ़साने हैं... इश्क़ का हर वो मंज़र है जो दिल चुम लेगा... उसके बाद यहाँ से थोड़ी ही दूर कुछ ख़ास एहसासो का घर है... और इस घर का नाम है...

तुम... मैं... and things close to my heart, यहाँ पे बहोत सारी अलग-अलग नज़्में, गीत, शायरियाँ रहती हैं, जो मेरे कुछ ख़याल और एहसासों का राज़ जानती है, माँ-बाप के लिए प्यार, दोस्तों की

मटरगश्ती, और मेरे कलम से निकले कुछ गीत सब इस घर में मौजूद हैं... मुझे लगता है इनमें लिखे एहसासो से, गीतों से, आपको मोहब्बत हो जायेगी, अगर हो जाए तो मोहब्बत ज़रूर लूटना...

और आखिर में इस time machine के सफर में, last stop है... **तुम... मैं... and blah blah blah**

यहाँ पे हैं, आड़े-टेढ़े, छुई-मुई से कुछ ख़याल हैं... जो मेरे दिमाग में भूके चूहों जैसे भागते-फिरते हैं... आप भी लुत्फ़ लीजिये इनका...

तुम... मैं... and Things Around... शायद ये किताब सच में एक time machine की तरह ही है...

इस की सवारी का मज़ा लीजिए... उम्मीद करता हूँ आपका सफर अच्छा और आनंद से भरा रहे...

तुम... मैं... and Nineties 90s

एक Cassette मिली

एक Cassette मिली
मिट्टी से लिपट कर सो रही थी...
किसी बंद संदूक में
ख़ामोश ही रो रही थी...

शायद अपनी बाँहें खोले
मुझसे वो कह रही थी...
आओ पास... मुझे गले से लगाओ ना
जज़्बातों में वो तो बह रही थी...

Tape Recorder को मैंने
नींद से जगाया...
कहा Cassette मिलने आयी है
और वो मुस्कुराया...
बोला
मेरी रूह को लाओ
मेरे जिस्म से मिलवाओ
और जैसे मैंने मिलवाया
एक सुकून उनसे आया...

Tape Recorder और Cassette ने
एक गीत मुझे सुनाया... लग जा गले... की फिर ये हसीं रात हो ना हो...

ओखली का शोर

ओखली के शोर से
दोपहर में सबकी नींद खुल जाया करती थी...
पापा दीदी सबके लिए
माँ चाय लाया करती थी...
ओखली के शोर में
हम गप्पे लड़ाया करते थे...
वो फुर्सत के लम्हें
ख़ूब गुदगुदाया करते थे...
पर एक दिन
पापा मम्मी की तितलियों को
राजकुमार ले गए...
और मैं भी ख़्वाबों के पीछे था
तो पापा मम्मी घर पे
अकेले रह गए...

अब ओखली के शोर में
उन्हें याद कर लिया करता हूँ...
नम आँखों से थोड़ा
मुस्कुरा लिया करता हूँ...
ओखली के शोर में...

गाजर का हलवा

ग़लती से एक नज़र
एक नज़र से टकरा गई...
एक मुस्कान चलके
मेरे होंठों तक आ गई...

नज़ाकत से ज़ुल्फ़ें
कानों के पीछे छुप गई...
बोलूँ क्या लबों से
लबों पे बातें रुक गई...

एक दुकान पे हम दोनों ने
गाजर का हलवा मँगवाया...
आख़री डब्बा बचा था
तो हम दोनो ने आधा-आधा खाया...
इसी बहाने दिल मेरा
उसके दिल से मिल पाया...

अब बाल सफ़ेद हो गए
बत्तीसी भी खो गए
फिर भी आज उसने मेरे लिए
गाजर का हलवा बनाया...
और हम दोनों ने उसको
आधा-आधा खाया...

लिफाफों का ज़माना

सुबह की चाई पे वो
रोज़ मिला करते थे...
एक प्याले से दो लब
साँस लिया करते थे...

लिफ़ाफ़ों के ज़माने में
दो दिल हुआ करते थे...

छनती धूप... नीम की छांव...
दरियाँ का किनारा...
कहीं जाती नाँव...
वो रूमानी नज़ारा देख के
बिन बोले बातें करते थे...

लिफ़ाफ़ों के ज़माने में
दो दिल हुआ करते थे...

दोपहर की नींद
अँगड़ाइयाँ... चाई खारियाँ...
शाम की ओर जाती धूप
और एक दूजे को छूती
वो दो परछाइयाँ...

रेडीओ पे वो दोनो
गीत सुना करते थे...

लिफ़ाफ़ों के ज़माने में
दो दिल हुआ करते थे...

दूरदर्शन की महफ़िल

दूरदर्शन की महफ़िल में... पुरे मोहल्ले से घर भर जाता था... सब दूरदर्शन की बातों में खोये रहते और सोफे के पीछे छुपा... एक छोटा सा चश्मा... कौने में बैठी दो चोटियों से आँख लड़ाता था...

जब दूरदर्शन कोई रूमानी मंज़र दिखाता... तब नई मूछ और सुन्दर दुप्पटे का दिल शोर मचाता था...

और इनको देख के बूढी जवानी को बचपन से मिलने का मज़ा आता था...

दूरदर्शन की महफ़िल में... गली में साइकिल पे सवार... कुल्फी आवाज़ लगाती थी... नन्ही किलकारियाँ गुल्लक से अठन्नी चुराती थी... और कुल्फी के मीठे स्वाद से दोपहर मुस्कुराती थी... दूरदर्शन की महफ़िल यादें बनाती थी...

और दूरदर्शन की भी शरारतें कुछ कम नहीं थी...

उसकी वजह से टीवी को बहुत थप्पड़ खाने पड़ते थे... और छत पे जाके छतरी के कान घुमाने पड़ते थे...पता नहीं दूरदर्शन से क्या दुश्मनी थी... की बिजली उस से अक्सर रूठ जाती थी... और बजली के इंतज़ार में... रसोई चाय बनाती थी... चाय का किरदार भी क्या खूब था... वो सब को ही भाति थी...

पलक झपकते ही वो सब की हो जाती थी... दूरदर्शन की महफ़िल में मोहल्ला परिवार बन जाता था... दूरदर्शन की महफ़िल में बेहद मज़ा आता था...

एक glass... दो straw...

होंठ एक दूसरे को छूते भी नहीं थे...
और kiss हो जाती थी...
एक glass में दो straw
जादू चलाती थी...

हम एक दूसरे को... आँखों से छूते...
और करीब आये बिना ही... कस के गले लग जाते...
फिर साँसें अपनी जगह बदलती... एक दूसरे के जिस्म में उतरके...
वो रूह से मिलती थी...
ठंड और बारिश के बीच में कहीं हमारा मौसम खिलता था...
glass में ice cream पिघलती और अंदर सीना जलता था...
glass में बिखरा milkshake बड़ा ही लज़ीज़ लगता था...
जब बिना होंठ को छुए ही... मैं उसके होंठ चखता था...

सच कह रहा हूँ... होंठ एक दूसरे को छूते भी नहीं थे...
और kiss हो जाती थी...
एक glass में दो straw जादू चलाती थी...

नीले शर्ट ख़ाकी पेंट...

नीली शर्ट ख़ाकी पेंट पहन के
नीली शर्ट ख़ाकी पेंट पहन के
छोरा चला छोरी को पटाने...

सरसों के तेल से
यू बाल चिपकावे...
तेरे नाम ईशटायल में
यू हीरो नजर आवे...

पुस्तकों को हाँथों में उठाके
हैंड पम्प के पानी में नहा के...
छोरा चला छोरी को पटाने...

नीली शर्ट ख़ाकी पेंट पहन के...

भोले भाले दिल को
कष्ट है बड़ा...
भाई उसका साला
दुष्ट है बड़ा...
बेल्ट से ये तो
खाल उधड़ दे...
कान पे भी थप्पड़
दो चार धर दे...

गुटका खाके और बिड़ी फूँक के
छोरा चला छोरी को पटाने...

नीली शर्ट ख़ाकी पेंट पहन के...

दूरबीन की बड़ी-बड़ी आँखें

दूरबीन
दूर के नज़ारे... करीब से देखने का...
जादू था उसके पास...
आशिक़ों को महसूस करवाता था
नये-नये एहसास...

दूरबीन के साथ छत की ओर
दिल भागते हुए जाता था...
जब गलियों में हुस्न का
कारवाँ चला आता था...

दूरबीन अपनी बड़ी-बड़ी आँखें लिए
उनके बहुत करीब चले जाता था...
नज़रों से उन्हें चुमके
बेहोशी में खो जाता था...

होश में आते ही सबको
चेहरों के किस्से सुनाता था...
अदाओं के दरियाँ में
हर आशिक़ भीग के आता था...

कहते हैं... दूरबीन के पास जादू था
हर आशिक़ उसका हो जाता था...

दूरबीन भी अपनी बाहें खोले
सबको गले लगाता था...

पर अब उसका कोई दोस्त नहीं...

अब वो आशिक़ ही नहीं रहे
जो अपनी मेहबूबा को देखने के लिए
दूरबीन से दोस्ती किया करें...

अब कहीं
पुरानी चीज़ों के साथ बैठ के
धुल की दावत खा रहा होगा...
और आशिक़ों की कहानियाँ
उन्हें सुना रहा होगा...

एक **Suitcase** बहुत दूर चल दिया...

एक छोटी सी नोक-झोंक ने
इतना बड़ा बवाल कर दिया...
की अलमारी से सारे कपडे लिए
एक suitcase बहुत दूर चल दिया...

जल्दबाज़ी में
उसने कुछ चीज़ों को अकेले ही छोड़ दिया...
जो कमरा रोज़ धड़कता था
उसने उसका दिल तोड़ दिया...

Make up का झुंड
ना जाने क्या-क्या सह रहा था...
Nail paint की गर्दन से
ख़ून बह रहा था...
बिस्तर पे सन्नाटा छा गया था
और सोफ़ा घुटनों पे आ गया था...

बहुत चोट लगी थी गमले को
और उसके फूल रूठ गए थे...
आईना... तस्वीरें... तोफे...
सब एक साथ टूट गए थे...
किस बात ने ग़लती करी थी
कौन सा झगड़ा दूरिया लेके आया था पता नहीं...

मेरा घर... मेरा बरामदा...
मेरा आँगन... कबसे इंतज़ार कर रहे हैं
पर suitcase की कोई ख़बर नहीं...

अठन्नी का नूर...

अशर्फियों से कीमती थी अठन्नी
पर अब सब उसे भुला चुके हैं...
नोट के चक्कर में पड़ के
वो उसे रुला चुके हैं...

प्यार से पचास पैसे कहलाती थी...
अठन्नी बचपन में मुझे
मटका कुल्फी खिलाती थी...
मैले में झूला झुलाती थी
और कभी-कभी
दूध वाली पेप्सी भी पिलाती थी...
अठन्नी...
मेरे प्यारे गुल्लक की ख़ास थी... मेरे बचपन की वो साँस थी
गरीबों की प्यास थी
अठन्नी...
बचपन का एहसास थी...
अठन्नी की कीमत पता है मुझे
इसीलिए शायद...
ऐ नोट... तुझे इतना गुरूर है...
तू इतना जो चमकता है
ये अठन्नी का ही तो नूर है...

अठन्नी अच्छा है तू इस नोट के ज़माने से दूर है
क्यूं कि नोट से आज हर इंसान मजबूर है...

अठन्नी तू बहुत प्यारी थी
तेरी बहुत याद आती है...

Table की दराज़...

मेरे Table की दराज़ में
एक मुरझाया फूल मिला
और यादों की बारिश हो गई...

हर एक लम्हा नाक पकड़ के
ले जा रहा है बीते पलों में...
जहाँ जाके टूट जाता हूँ
क्या करूँ मैं जाके
ऐसे पलों में...

ये जो मुरझाया फूल मिला है
ऐसे मैं भी मुरझाता हूँ...
बारिश में भी मैं तो
पतझड़ हो जाता हूँ...
और इस फूल से
मैं तब भी और आज भी रो जाता हूँ...

मेरे Table की दराज़ में
एक मुरझाया फूल मिला
और यादों की बारिश हो गई...

Walkman में अटकी साँसें...

Walkman में अटकी साँसें...

कोई लब्ज़ नहीं...

सिर्फ साँसें...

थोड़ी तुम्हारी... थोड़ी मेरी...

एक दूसरे से लिपटी हुई... ख़ामोशी में नंगी लेटी हुई...

करवटें ले रही है... एक दूसरे को बिछा रही है... ओढ़ रही है...

walkman में अटकी साँसें...

कोई लब्ज़ नहीं...

सिर्फ साँसें...

सुनो कुछ गिरने का शोर सुनाई दिया...

बंद कमरे का सन्नाटा और खिड़कियाँ आपस में टकरा रही है...

बिजलियों की आवाज़ और बारिश भी बूँद-बूँद कर के... शर्म खोते
जा रही है...

ठंडी हवा मौसम को ख़ुशबू पीला रही है... और उसी बिच साँसें ये...
कैसा शोर मचा रही है...

walkman में अटकी साँसें...

कोई लब्ज़ नहीं...

सिर्फ साँसें...

मैं और Typewriter...

मैं और Typewriter
मैं उस से और वो मुझसे जलता था...
किसी हुस्न की तारीफों में
दोनों का दिल धड़कता था...
वो थी ही कुछ ऐसी
की रोज़ इंद्र धनुष निकलता था...
चाँद का भी चहरा
उसके नूर से ही धुलता था...
उसकी तारीफों में
पन्नों पे पन्ने भरता था...

मैं और Typewriter
मैं उस से और वो मुझसे जलता था...

ख़यालों में जाके उस से
रोज़ मिला मैं करता था...
प्यार के दो लब्ज़ उस से
कहने में... मैं डरता था...
वो थी ही इतनी खूबसूरत
की मैं कपकपाने लगता था...
मैं और Typewriter

मैं उस से और वो मुझसे जलता था
उसके हुस्न की तारीफों में
दोनों का दिल धड़कता था...

आख़री सांसें ले रहा, Album

आख़री सांसें ले रहा,
Album कहता है...

तुम्हारी यादों को कुछ हो जाता तो,
इन पुराने पलों से कोई पल खो जाता तो,
तुम्हारे कल को कितना सम्भालूं मैं
इसका ज़रा ध्यान तो रखो...
इन्हें देख के अपनी आँखों से कुछ तो कहो...
पुराने ज़माने से आती लहरें हैं
इनमें ज़रा तो बहो...
थोड़ा रो लो... थोड़ा हँस लो...
इन तस्वीरों के साथ, कुछ वक्त तो रहो...
इनके अलावा तुम्हारे पास है ही क्या याद करने को?
मैं तो आख़री सांसें ले रहा हूँ... पर मेरे जाने के बाद
इन तस्वीरों का ख़याल रखना... अकेले में बहुत रोती है बेचारी...

Album ने
यादों की कदर सीखा दी...
Album तो नहीं रहा,
पर मैंने तस्वीरें फिर से सजा दी...

112 20 16 5 7 5 4 8 180 7 8 4 10

Radio का चेहरा...

Radio का चेहरा मुझे एक आवाज़ में नज़र आता था...

आवाज़... जो सूरज ढलने के बाद खिलती थी... जिसकी साँसें मेरे कान चूमती थी...

और मेरे बदन पे रोंगटे... हज़ारों होठ लिए नंगे फिरते थे...

आवाज़... जो रूह में घुलती थी...

Radio वो चेहरा था... जो रोज़ रात मुझे उस आवाज़ से मिलवाता था...

और Radio का वो चेहरा मुझे उस आवाज़ में नज़र आता था...

रंग... उम्र... और आकार का क्या करूँ मैं... मेरा गूंगा दिल तो उसकी आवाज़ पे मरने लगा था... Radio के सामने मैं रोज़ जलने लगा था...

वो मोहब्बत से भरे कुछ गीत भी सुनाती थी और दास्तान भी...

तारों की चादर तले... मैं छत पे लेटा... उसकी आवाज़ से लिपटता... करवटें बदलता था...

सच कहूं तो... मैंने उसे बिना देखे ही देख लिया था... क्यों की मैंने उसे अपनी बाहों में हर रात महसूस किया था...

अफ़सोस की Radio की उम्र हो गई... और वो गुम हो गई...

हर रात वो आवाज़... Radio पे दस्तक देती थी... और मैं उस आवाज़ से इश्क़ फरमाता था...

radio होंगे बहुत पर radio का वो सुन्दर चेहरा... मुझे उस आवाज़ में नज़र आता था...

बचपन और कुर्सी...

मैं बचपन में
कुर्सी के जितना ही था...
जब उसके कंधे पे चढ़ के...
जादुई अलमारी से... कांच की बर्नी में मुस्कुराते गोल-मटोल
मोदक चुराता था...
एक दिन तो मोदक चुराते-चुराते... हम दोनों गिर पड़े
मुझे तो कुछ नहीं हुआ...
पर उसका एक कंधा छील गया...
बहुत दर्द हुआ होगा उसको... पर बेचारी कुर्सी कुछ बोल नहीं पाती
थी...
मैं उसी के साथ खाना खाया करता था...
उसी के साथ पढ़ाई किया करता था...
और उसी से लिपट के सो भी जाया करता था...
जब स्कूल जाता था... तो वो दादी के साथ बालकनी में बैठा करती
थी...
और कभी-कभी तो मेहमान आके... उसको बहुत तंग भी किया करते
थे...
तब मैं उसको मेरे कमरे में छुपा लिया करता था...
हमारी दोस्ती बहुत ही गहरी थी... फिर हमारा वक़्त साथ में ऐसे ही
बीतता गया...
मैं जवान होते गया और वो बूढी... और एक दिन... उसका एक पाँव
टूट गया...

वो लड़खड़ाने लगी... और पापा ने उसपे मरहम लगाने को मना कर दिया

मैं बहुत रोया पर घर वालों ने कहा... कुर्सी पुरानी हो गई है... हम नयी ले आएंगे

ये कह के उसको स्टोर रूम में भूका प्यासा बंद कर दिया...

और एक दिन मुझे बिना बताये

उसे किसी ओर के हवाले कर दिया... मैं बहुत रोया... मेरा दिल टूट गया

ना जाने अब किसके घर पे होगी वो... कैसी होगी वो...

किसी ने उसपे मरहम लगाया भी होगा या नहीं...

ओ मेरी प्यारी कुर्सी

तुम कहाँ हो?

मैं और मेरा कैमरा...

मैं और मेरा कैमरा
हम यादें बनाते हैं...
लुटेरे हैं हम
मुसाफ़िर लम्हों से
कुछ पल चुराते हैं...
मैं और मेरा कैमरा
हम यादें बनाते हैं...
बंजारे फिरते हैं
नए मंजरो की तलाश में...
भटकते हुए हम मंज़िलो तक जाते हैं...
ख़ामोशियों की आवाज़ें
हम सबको सुनाते हैं...
मैं और मेरा कैमरा
हम यादें बनाते हैं...
अंधेरो में उड़ते हैं
रोशनी लिए
रात में फँसे उजालों को
नयी सुबह दिखाते हैं...
मैं और मेरा कैमरा
हम यादें बनाते हैं...

खास्ता दरवाज़ा...

पुरानी गलियों में कुछ बूढी इमारतें हैं... जहाँ आज भी एक खास्ता दरवाज़ा ज़िंदा है...

उसकी देहलीज़ पे तन्हाई के अलावा कुछ नहीं... हाँ कुछ मुरझाते फूल... चिल्लाता सन्नाटा...

दरारि दीवार... और सूखे दरख़्त हैं...

सुना है... जवानी में वो किसी माशूका की दस्तक पे मरता था...

वो माशूका घंटों वहां बैठी रहती किसी के इंतज़ार में

और दरवाज़ा उसे निहारता रहता... माशूका अपने आशिक़ की राह तकती और ये जनाब उसपे

मोहब्बत लुटाते रहते... एक दिन दरवाज़े को एक ख़त मिला... और माशूका उस ख़त के बाद लापता हो गई...

खास्ता दरवाज़ा अब भी ज़िंदा है उस माशूका के इंतज़ार में... की वो किसी दिन तो दस्तक देगी...

क्या करें?

घर का telephone
धुल खा-खा के
गुब्बारे सा फूल गया है
पर क्या करें... कोई हवा निकालने वाला ही नहीं...
TV भी... कभी शोर करती है...
कभी ख़ामोश हो जाती है...
बहुत बदमाश हो गई है...
पर क्या करें कोई थप्पड़ लगाने वाला ही नहीं...
कपड़े तो अपने बदन पे
सल लिए फिरते हैं...
पर क्या करें बिस्तर के नीचे रख...
कोई इस्त्री करने वाला ही नहीं...
Toothpaste भी... कौने-कौने में छुपा हुआ है
पर क्या करें... कोई उसकी पीठ मलने वाला ही नहीं...
छत भी ठंड से कपकपाती है...
पर क्या करें कोई उसपे बिस्तर बिछा के सोने वाला ही नहीं...
Carrom तो कुम्भकरण की नींद सोया हुआ है...
पर क्या करें कोई उसे जगाने वाला ही नहीं...
Table Fan तो ज़िंदा लाश हो गया है...
पर क्या करें कोई उसे चलाने वाला ही नहीं...
VCR तो धुल में इंतज़ार कर रहा है
पर क्या करें कोई Video Tape गले लगाने वाला ही नहीं...

पुरानी चीज़ें याद आ रही हैं
और कुछ चीज़ें मुरझा रही है
पर क्या करें?

नब्बे का दशक...

दूरदर्शन की महफ़िल में
टीवी थप्पड़ खाती थी...
और वो छत पे छतरी के
कान घुमाने आती थी...
दूरबीन की दोनों आँखें
उसका चेहरा छूती थी...
रेडियो पे प्रेम गीत वो
मेरे साथ सुनती थी...

वो वक़्त थोड़ा चटपटा था
था थोड़ा नमक
गुब्बारे सा फूल गया था लम्हों का गुल्लक

कैसेट का तराना था नब्बे का दशक...
वॉकमेन का गाना था नब्बे का दशक...
कुल्फी का अफसाना था नब्बे का दशक...
लिफाफों का ज़माना था नब्बे का दशक...

प्रेम पत्र से प्रेमी की
ख़ुशबू आती थी...
दूरभाष यंत्र से उसकी बाहें
गले लगाती थी...

ओखली का शोर और
अठन्नी की खनक...
किताबों में मोर पंख
दिल में चमक-दमक...

कैसेट का तराना था नब्भे का दशक...
वॉकमेन का गाना था नब्भे का दशक...
कुल्फी का अफसाना था नब्भे का दशक...
लिफाफों का ज़माना था नब्भे का दशक...

माँ मुरब्बे में जादू मिलाती थी...
पापा की मोटर गाड़ी सैर कराती थी...
बहनों से नोक-झोंक तू-तू मैं-मैं
हो जाती थी...
यार वार और ख़ेल-कूद में घड़ियाँ बीत जाती थी...

पगला दीवाना था नब्भे का दशक...
अलबेला मस्ताना था नब्भे का दशक...

तुम... मैं... and Late Nights...

Netflix का नज़ारा...

खूबसूरत परदे रौशनी को अंदर आने
से रोक रहे थे...
और Table पे रखे Lamp की आँखें
हलकी सी खुली हुई थी...
मौसम होठों को हँसी पहनाने लगा था...
और Wine नशे में
कहीं बह रही थी...
Netflix की गुफ़्तगू सुनते-सुनते
मौसम रूमानी हो गया...
पहरेदार इन होठों का
जाने कब सो गया...
AC तो मानो
हिमालय में वक़्त बिता के आयी हो
बिस्तर की बाँहों में हम थरथरा रहे थे...
चादर तले...
उसके बेशर्म नंगे पाँव
मेरे पाँव की उँगलियों को सता रहे थे...
Netflix का नज़ारा... देखते देखते
हम एक दूसरे के होते जा रहे थे...
कुछ मंज़र ऐसे भी दिखे की
हम जलते-जलते
और जलते जा रहे थे...

लैला...

सूखे गुलाब वीरान गुलदस्ता...
पतझड़ के मौसम में
दरख़्त ख़ुशबू को तरसता...
ख़ामोश दरियाँ
बादल गरजता बरसता...
तेज़ हवा में
एक झोंका तड़पता...
बंजर मोहल्ला सुनी गलियाँ
दर्द अंदर
बाहर मजनू हँसता...
पहले अंगारे बाद में रसता...
फिर भी चलता मजनूँ
हँसता हँसता...

लैला

दहलीज़ दरवाज़ा खट-खट
दर्द मेहमान याद रोए आँगन में
निकले एक सुने घर की जान...
तस्वीरें लिपटी धूल में
टूटा टेप रिकॉर्डर
चादर बिखरी **जूठी** चम्मच
चाई के कप मैले

और लिप्स्टिक का निशान...
सिगरेट पुरानी आधी आधी
दो दिलो ने सुलगाई
रह गई रह गई
क़मीज़ में ख़ुशबू लैला की
मजनूँ उसपे वारे जान...

लैला

भटकता काफ़िर
मज़ारे दरगाह मीनारे...
माँगे दुआएँ
मंदिर मदीना
हर और हो आए...
इश्क़ धर्म है इश्क़ ख़ुदा है
पर इश्क़ इबादत करना पाए...
दर्द में बँधा टूटा मजनू
सुकून सुकून चिल्लाए...
पर लैला सुन ना पाए
पर लैला सुन ना पाए...

लैला

मजनू...

बिखरी आँखों में काजल
लिपस्टिक फैली होठों पे...
मैला make up... बिखरी ज़ुल्फ़ें... छलनी तन मन
टूटे नाख़ून... बहता ख़ून
आके बैठी घुटनो पे...
ना चूड़ी खनके... ना पायल छम्के
फुट-फुट के रोये... और साँसे ले ये थम-थम के...
लोगो की साज़िश... पत्थर की बारिश...
में भीगे बेचारी लैला... चीखे बेचारी लैला...
लैला कहे कैसे जियूँ मैं?
घुट-घुट के... यूँ मर-मर के...
मजनु के बिन ना दिल धड़के
मजनु के बिन ना दिल धड़के...

मजनू...

दुश्मन... ज़माना... समाज... ताना
बांटे काटे... मारे-चाटे... घुसे -लाते...
क्या-क्या सहे... ख़ून बहे...
झटपटाती... घबराती... ये भागे लड़खड़ाती...
कमरे में बंद... ख़ुद से लड़े...
गंदी-गंदी बातों से... ख़ूब रुलाये
मजनु की बस एक झलक को... तरसाये... तड़पाये

ज़बरदस्ती का रिश्ता ये... पराये से बंधवाये
मजनू के होते हुए क्यों
कोई और दीवाना लाये...
तुम्ही कहो लैला को ये... कैसे रास आये...
मजनू के बिन ना दिल धड़के
लैला बार-बार दोहराये
लैला बार-बार दोहराये...

मजनू

सुबह शाम... बातें-रातें... आते-जाते
बस वो नज़र इसे आये...
उसकी ख़ुशबू... उसकी बाहें...
उसकी चादर... उसका तकिया
उसकी सिगरेट... उसकी शराब...
बस उस में ही ये डूबती जाए...
ज़िद्दी लैला... पागल लैला...
मजनू... मजनू... चिल्लाये...
मजनू ना मिले तो ये सूली पे चढ़ जाए...
हस्ते-हस्ते मर जाये...
मरते दम तक होठों से बस
एक नाम दोहराये...

मजनू

आसान है अगर भूल जाना...

आसान है अगर भूल जाना
फिर क्यों तुम याद आती हो...
दूर जाने के बाद भी
तुम दूर क्यों नहीं जाती हो...

जिस में तुम नहीं वो दिन
वो दिन क्यों दिखाती हो...
ढूंढ रहा हूँ कबसे तुमको
तुम खुद को क्यों छुपाती हो...

आसान है अगर भूल जाना
फिर क्यों तुम याद आती हो...

इस जनम में ना सही
अगले जनम मुझे मिलजाना...
खुदा से कह के साथ तुम्हारे
नाम मेरा तुम लिखवाना...
ग़म देखा है बिन तुम्हारे
खुशिया भी तुम ही लाना...
नहीं जाओगी तो ही आना
वरना पहले से ही ठुकराना...
क्यों की आसान नहीं है... आसान नहीं है... तुम्हें भूल जाना...

मसले...

हम दोनों के मसले
हम ख़ुद ही सुलझाएँ...
क्यों दरमियाँ अपने
किसी तीसरे को लेके हम आए...

मुश्किलें आजाये तो
एक दूसरे का होंसला बढ़ाएँ...
हमारी लगाई आग को
क्यों ना आपस में मिलके बुझाएँ...

हम दोनों के मसले
हम ख़ुद ही सुलझाएँ...
क्यों दरमियाँ अपने
किसी तीसरे को लेके हम आएँ...

रूठने मानाने का सिलसिला ही तो
ज़िन्दगी है...
लोगों को क्या पता
क्या ग़लत और क्या सही है...

हमारे घर की कहानियाँ
क्यों दुनियाँ को हम बतलाएँ...
जीना है कैसे साथ में

अपने आप को आओ सिखायें...
हम दोनों के मसले
हम ख़ुद ही सुलझाएँ...

शायद इसलिए...

गुस्सा कर के बेठा है एक कौना

वहाँ अब तेरे कपड़े नहीं रखे हुए... शायद इसलिए

हमारी दोनो कुर्सियों की भी आजकल बनती नहीं

एक पे तो में बैठ जाता हूँ... पर एक पर तू नहीं... शायद इसलिए

बिस्तर के बारे में तो क्या कहूँ

तंग कर के रखा है

सोने ही नहीं देता मुझे...

तेरी बाँहों के बिना उसको भी नींद आती नहीं

शायद इसलिए...

Lamp की जेब में तो सिर्फ़ अंधेरा है...

और अलमारी बंद ही रहना चाहती है...

Toothbrush को देखता हूँ तो लगता है कि

आज भी तेरी सासें उसमें क़ैद हैं...

गिले towel की शरारतें अब वैसी नहीं रही...

दराज़ में तस्वीरें हैं जो कुछ बोल नहीं पाती...

खिड़की तो इंतज़ार कर रही है

पर तेरी हवाएँ नहीं आती...

मेरे घर की जान निकल रही है

इसमें तू नहीं शायद इसलिए...

मेरा मकान भी कभी

घर हुआ करता था...

नाख़ूनों की खरोंचे...

तुम्हारे नाख़ूनों से पूछना कभी
मेरी पीठ खरोचने का मन नहीं करता?
मेरी पीठ ने तो उसके दिए हर निशान को
बड़े ही प्यार से मेहफ़ूज़ कर के रखा है...
किसी और बदन के पिंजरे में
जब कैद होता हूँ
तब ये निशान मुँह छुपा लेते हैं...
क्यों की उन्हें बनाया
और सजाया है मेरी पीठ पे
तुम्हारे नाख़ूनों ने...
कोई और उन्हें छुए
उन्हें कुरेदे
ये उनसे बर्दाश्त नहीं होता...
तुम्हारे नाख़ूनों से रंगे निशाँ
अब बहुत तनहा हो गये हैं...
फिर से आओ
उन्हें सेहलाओ...
गला अभी भी कोरा है
कुछ गहरे निशाँ उसपे भी बनाओ...
मेरी पीठ तो तुम्हारे इंतज़ार में
मरे जा रही है... इसीलिए तुम
तुम्हारे नाख़ूनों से पूछना कभी
मेरी पीठ खरोचने का मन नहीं करता?

nutella

Nutella की शरारत...

मेरे होंठ जब तेरे बदन के
हर कौने में हो के आये थे
तब मैं पहली बार मिला था
Nutella से...

याद है तब मैं इसे
पिघलती chocolate कहा करता था...
तेरे जिस्म का canvas
मैं nutella के रंग से भरता था...
उसकी ख़ुशबू
जब तुझसे लिपटती थी
तब मैं भी महकता था...
बहुत बुरी लत लग गई थी
सुबह शाम बहकता था...

nutella कहीं दिख जाता है
तो मैं नज़रे चुरा के भाग जाता हूँ...
वो बार-बार मुझे आवाज़ लगाता है
पर तेरे बिना मैं उसे मिल नहीं पाता हूँ...
माना होगा लज़ीज़ वो आज भी उतना
पर उसका स्वाद मुझे तुझसे आता है...

तूने ही मिलवाया था उस से
तेरे साथ-साथ nutella भी बहुत याद आता है...

अब भी वो संसनाहट... महसूस होती है...
पर रब ही जाने...
nutella की शरारत... अब कहाँ होती है...

सही-ग़लत...

तुम बिलकुल भी सही नहीं थी
और मैं भी बहुत ग़लत था...

तुम झूठ का साथ देती थी
और मैं भी सच के ख़िलाफ़ था...

तुम धोका देती थी
और मैं भी तुम्हारा भरोसा तोड़ता था...

तुम मेरी आज़ादी छिनती थी
और मैं भी तुम्हें कैद करता था...

तुम कहीं और पिघलती थी
और मैं भी कहीं और जलता था...

तुम ठहर गई थी
और मैं भी कहाँ चलता था...

तुम कहा करती थी की
हवा चलती है...
और मेरा मन्ना था की
हवा के तो पाँव ही नहीं होते...
पर असल में, हवा को देखा किसने है

इसीलिए
तुम बिलकुल भी सही नहीं थी
और मैं भी बहुत ग़लत था...

वक़्त की दीवार...

यहाँ वो लम्हे टूट जाएँगे
जो मैंने तुम्हारे लिए संभाल के रखे हैं...
दर्द की बारिश होने वाली है
ये मौसम हमारे साथ नहीं...
लोग ग़म लेकर आते ही होंगे
कुचल देंगे हमें...
पर तुम डरो मत
हाथ दो मुझे...
चलो कूद जाते हैं
ये वक़्त की दीवार इतनी बड़ी नहीं...

समझ... समझ में आने लगी...

नादान तुम भी थी
नादान मैं भी था...
पर जवानी से पहले ही
तुम बचपना भुला चुकी थी...
मुझे भुलाने से पहले ही
तुम किसी और को बुला चुकी थी...
थोड़ा जल के तो देखती
पर तुम तो पहले ही ख़ुद को बुझा चुकी थी...
साथ बनाई तस्वीरों को...
तुम अकेले में मिटा चुकी थी...
और मुझे... समझ... समझ में आने लगी
तब तक तुम जा चुकी थी...

मैं इतना भोला था की
ख़ुद को बहुत चालाक समझता था...
तुम जैसे बहकाती थी... मैं वैसे बहकता था...
मैं इतना खो गया... तुम्हारे प्यार में
की ख़ुद को ढूँढ ही नहीं पाया
छाँव में जा के ढूंढता था साया
पर हाथ में कुछ नहीं आया...
फल पकने से पहले ही
तुम खा चुकी थी...

मेरे आसमान पे
ग्रहण सी छा चुकी थी...

और मुझे
समझ... समझ में आने लगी
तब तक तुम जा चुकी थी...

वो जब अंधेरे में थी...

वो जब अंधेरे में थी
तो मैं उसके लिए रोशनी बीन रहा था...
मैं ना समझ उसके कहने पे
सितारे गिन रहा था...
जून के महीने में
डिसेम्बर ढूँढ रहा था...
मुझे क्या पता था
वो किसी और की बाँहों में चली जाएगी...
मैं तो वो चैन से सो सके
इसलिए कहीं दूर चादर ढूँढ रहा था...

Mobile के किनारे...

Mobile के इस किनारे
मैं रहता हूँ
और उस किनारे वो...
और हम दोनों के बिच
दूरियों का दरियाँ है...

उसकी आवाज़ तैर के
यहाँ तक आती है...
और मेरी बातें भी
बहुत उतावली हैं...
सुन ने से पहले ही
उस तक पहुँच जाती हैं...

बस एक ही चीज़ खलती है
की हम एक दूसरे को छू नहीं सकते...

इसलिए Mobile ने एक ख़ुफ़िया रास्ता बना रखा है
जहाँ से वो मुझे देख सकती है
और मैं उसे...
वो वहाँ से मुझे बाँहों में भर्ती है
और मैं यहाँ से उसे महसूस करता हूँ...
वो हवा में मुझे चूमती है
और मैं होंठ लिए यहाँ झूमता हूँ...

कभी-कभी वो हलकी आवाज़ में गाने सुनाती है
और ऐसा लगता है जैसे
वो यहीं तो है... मेरे सीने पे लेटी हुई...
और इन्हीं एहसासों में... मैं खो जाता हूँ... मैं सो जाता हूँ...
दिन-रात रोज़ ऐसे ही गुज़रते हैं
और हम दोनों के किनारे खूब महकते हैं...

मोबाइल के इस किनारे
मैं रहता हूँ
और उस किनारे वो
और हम दोनों के बिच
दूरियों का दरियाँ है...

फिर भी बहुत सुकून से रहते हैं हम
मोबाइल के किनारे...

Favourite जैकेट...

आधा चाँद... ठंडा मौसम... तेज़ हवा... उड़ती ज़ुल्फ़ें... हाथ मलती...
थरथराते होंठ... कॉफ़ी मग... बेंच पे बैठी... हसीना... फिल्मी...
स्लोमोशन नज़ारा...

देख के उसको मन उछल कूद करने लगा
उसके पास जाते ही सूख गया गला...
कैंची सी चलती जुबां से मैं तो
दांत चबाने लगा...
बोलूँ क्या उसे मैं... मैं तो ह... ह... हकलाने लगा...
ठंड से वो कपकपा रही थी
मैंने जैकेट उतार के दे दिया...
जो मैं कहना चाह रहा था
वो उसने आँखों से ही कह दिया...
फिर एक जैकेट में दो बदन
एक कॉफ़ी पी रहे थे...
कॉफ़ी की मदहोशी में
बेहोश हो रहे थे...

जैकेट में दो दिल मिले
था ठंडा ठंडा समां...
कपकपाती ज़मीन को मिला
चादर लिए आसमाँ...

मेरा Favourite जैकेट
अब उसका भी Favourite है...

Longwalk पे...

उसने ख़ुद को पूरी तरह से
मेरे कंधे के पीछे टांग दिया...
और अपने हाथों से
चारों तरफ मुझे बाँध दिया...
फिर कानों के करीब आ कर कहने लगी...
चलो... चलो longwalk पे...

चलो ना... मुझे तुम्हारे साथ sunlight का स्वाद चखना है...
horizon की और बढ़ना है... बेमतलब की बातें करनी है...
और ढेर सारा हसना है... और मैं भी हसकर चलने लगा...
उसकी हरकतों पे बहुत मरता हूँ ना...
longwalk पे एक बेंच मिली...
जहाँ वो मेरी गोद में लेट के आसमान चुम रही थी...
और मैं ख़ामोशी सुन रहा था...
बस उसी समय... हम... हम हो गये...
longwalk पे...

जूठी चम्मच...

मेरे अचार के डब्बे में
तेरी जूठी चम्मच कैद हो गई है...
इसको रिहा करने
फिर कब वापिस आओगी?

तुम्हारे स्वाद के लिए
तरस रही है...
कब इसे... अपने होठों से लगाओगी...
एक बार फिर... इसे जूठा कर के...
कब मुझे चखाओगी...

कभी सोचा भी नहीं था
की तुम इसे भूल जाओगी...
तुमसे मिलने के लिए
ये मरी जा रही है
अब और कितना तरसाओगी...
तुम ज़िद्दी हो
तो मैं तुमसे थोड़ा ज़्यादा ज़िद्दी हूँ
देखता हूँ और कितना सताओगी...

मैं इसे आज़ाद नहीं करूँगा
जब तक तुम वापिस नहीं आओगी...
मर जायेगी... अगर तुम्हारी जूठी चम्मच की जान...

तुम नहीं बचाओगी...
मेरे अचार के डब्बे में तेरी जूठी चम्मच कैद हो गई है...
इसको रिहा करने फिर कब वापिस आओगी?

Sunset के सामने...

sunset के सामने... मैं और वो...
वहाँ हम थकान को अलविदा कह के...
आपस में आराम बांटा करते थे...
नंगा आसमाँ धीरे-धीरे... गुलाबी और गेरुआ रंग पहनता था...
और हम एक दूसरे की बाहों में परेशानियाँ उतार कर उसे छूमंतर कर
देते...

sunset के सामने...
हवा महसूस होती थी और ख़ुशबू का एहसास पूरे बदन पे थरथराता
था...
चिड़ियांओं की चनचनाहट और तेरी बातों में
मैं मदहोश हो जाता था...
पहाड़ के ऊपरी हिस्से पे... तेरे साथ बैठे हुए...
sunset बेहद सुन्दर नज़र आता था...
sunset के सामने मैं मेरा नहीं... मैं तेरा हो जाता था...
अब भी sunset तो रोज़ाना होता है... और होता रहेगा...
पर ऐ-दिल... ये ज़माना तो बदलता रहेगा...

मैं आऊँगा शिकायतें लेकर...

मैं आऊँगा शिकायतें लेकर
और तुझे गले से लगाऊँगा...
मना मत करना
वरना फिर से टूट जाऊँगा...

तोफे में तुम्हारे लिए
पुराने एहसास लाऊँगा...
आँसू देके
थोड़ा सुकून ले जाऊँगा...

अंदर जो चीखे बंद हैं
उन्हें ख़ामोशी से सुनाऊँगा...
तुम सुन लेना
वरना घुट–घुट के मर जाऊँगा...

जिस्म में खुशबु
और रूह में प्यार मिलाऊँगा...
थोड़ा तुमसे तुमको ले जाऊँगा
और थोड़ा अपने आप को दे जाऊँगा...

मैं आऊँगा शिकायतें लेकर
और तुझे गले से लगाऊँगा...
मना मत करना... वरना से फिर से टूट जाऊँगा...

महसूस करना...

मेरी बात को सिर्फ सुनों मत
महसूस करो...
मैंने कुछ भेजा है हवाओं में
वो कुछ... कुछ और नहीं मेरी ख़ुशबू है...
थोड़ा उस से लिपट जाओ... एक रात उसके साथ बिताओ...
चूमो उसे... अपनी छाती से लगा के... उसके साथ सो जाओ
उसे तुम्हारे हाथ की बनी चाय की ख़ुशबू बहुत पसंद है...
उसे थोड़ा उस चाय में घोल देना...
दोपहर में अगर ख़ाली वक़्त हो तुम्हारे पास...
तो उसे तुम्हारी पुरानी चीज़ों में लेटा देना...
तुम्हारे सारे कपड़े उसे पहनाना...
शाम को उसे तुम्हारे जिस्म की सेर कराना...
हर कौने में उसे ले जाना... तुम्हारे हर तिनके को उसकी ज़ुबान से
लगाना...
और हाँ रात होने से पहले उसे वापिस भेज देना...
फिर मैं भी मेरी खुशबु में घुली तुम्हारी हर खुशबु को
गले से लगाके... सुकून से सोऊंगा...
इसे महसूस करना...

मज़ाक़ बना रहे थे...

सूखी नदी में हम तो
नाँव चला रहे थे...
हम थे वहीं पर लग रहा था
की कहीं दूर जा रहे थे...
पेड़ के नीचे बैठ के
हम धूप भगा रहे थे...
पेड़ पे एक ही पत्ता था
और हम छांव चाह रहे थे...
हम पागल मजनू बन कर
तुमको हँसा रहे थे...
और तुम वहाँ हमारा
मज़ाक़ बना रहे थे...

बंद घर का अकेलापन...

अब बंद घर का अकेलापन देखा नहीं जाता
तुम आके उसे खोल दो...
वहाँ हम है
हम वहाँ यादों के भेस में कैद हैं
तुम आके रिहा करदो...
कुछ शरारतें हैं तेरी
जिनसे मैं परेशान होता था...
कुछ आदतें हैं मेरी
जिन पे तुम गुस्सा हो जाती थी...
तुम्हारे नखरे हैं
जिन्हें मैं बड़े ही प्यार से उठाता था...
और वो अदाएँ
हाय... जिन पे मैं आज भी मरता हूँ
और तब भी मरता था...

सुबह-सुबह
जब मैं अपने ठंडे होंठ
तुम्हारे माथे पे रखता था...
तुम्हारी आखों में
सुकून झलकता था...
फिर तुम चाय बनाने को कहती थी
और मैं मुँह बनाता था...
तुम्हारी अंगड़ाई लेती बाँहों में

•••

मैं फिर से सो जाता था...
एक toothbrush से हमारी साँसों का कारवाँ
जगह बदलता था...
हमारे होठों के बिच
ये अदला-बदली का कारोबार चलता रहता था...
Shower की बारिश में
ये बदन खूब जलता था...
जब मैं नंगे हाथो से
तुम्हारी पीठ को मलता था...

मेरा गिला टॉवल बिस्तर पे आके
तुम्हें छेड़ता था... चिढ़ाता था...
और तुम्हारा गुस्सा
तुम्हारी छोटी सी नाक पे आ जाता था...
तुम्हारे हाथ का बना खाना
मुझे खूब भाता था...
भिंडी और हल्दी के परांठों से
उँगलियाँ चाट जाता था...
दोपहर में
तुम्हारी बेमतलब की बातों से
बड़ा मज़ा आता था...
तुम्हारे बचपने से मिलने के लिए
तुम्हें जान बुझ के रुलाता था...
रात को तुम्हारी बाँहों में
मेरी परेशानियाँ लेकर आता था...
तुमसे लिपट के रोने में
दिल हल्का हो जाता था...

• • •

फिर पाँव की उँगलियों से
एक ख़ेल शुरु होता था...

और bulb अपनी आँखें
बंद कर लेता था...
और
रात को ढाई बजे
तुम्हारे पेट में चूहें जाग जाते थे...
और हम किसी नुक्कड़ पे
ice cream या कुछ चटपटा खाते थे...
हम झगड़ते... थे लड़ते थे...
पर हम एक दूजे पे ख़ूब मरते थे...

अब उस बंद घर का अकेलापन देखा नहीं जाता
तुम आके उसे खोल दो...
वहाँ हम हैं... हम वहाँ यादों के भेस में कैद हैं
तुम आके रिहा करदो... और हाँ
जहाँ हम हैं वहाँ घर है...
मकान से मेरा कोई लेना देना नहीं...

एहसास...

बंद कमरा...
ख़ुशबु... परदे... छनती धूप...
तकिए... बिस्तर... बिखरी ज़ुल्फ़ें...
धीमें गीत रूमानी...
हल्की साँसे... ठंडे होंठ...
खरोंचे नाख़ूनों की...
ख़ामोशियाँ...
बिखरे कपड़े...
दो बाहें... एक चादर...
और करवटें...

एहसास...

सुना रास्ता... ख़ाली बेंच...
मैं अकेला...
घना अंधेरा...
सुखी नदी... एक नाँव...
दूर तेरा गाँव...
भटका राही...
तनहा सफ़र...
प्यासा माँगे पानी मगर...
उसकी किसको... क्या ख़बर...
नहीं फ़िकर... कोई ज़िकर...

कैसा मंज़र... लम्हे ख़ंजर...
छलनी है मेरा हर पल...
एहसास...

दो गुलों का गुलदस्ता...

दफ़्न कर के सच्ची मोहब्बत
सूखे फूल सजाये हैं क्यों?
हर कौने से छलनी हुआ दिल
कोई हल्दी लगाए ना क्यों?
आख़िरी साँसें... ले रहा है
एक गहरा रिश्ता...
टूटने लगा है... दो गुलों का
गुलदस्ता...

खुश्बुओं के बिना... महकेगा कैसे...
दो गुलों का... गुलदस्ता...
मोहब्बत की नदियाँ... सुखी पड़ी
वीरान है... गुलदस्ता...

गुल से गुल को कैसे मिलाये
तेज़ हवाएँ दूर ले जाए...
दर्द में डूबी है खुशबु
बोलो कैसे साँस आये...
गुल से गुल को कैसे मिलाये
पतझड़ों से जी घबराये...
आँसुओं में भीगे पड़े हैं
हाल–ए–दिल ये किसको बताये...
खुदा ने तोफे में... दोनों को किया विदा...

मुरझाये गुलों ने... एक दूजे को किया अलविदा...
अब सुना पड़ा है... ख़ामोश सा है... रोने लगा है... गुलदस्ता...
अब तनहा हुआ है... बेजान सा है मरने लगा है... गुलदस्ता...
दो गुलों का... गुलदस्ता...

हमारे चर्चे...

हमारे चर्चे तो
खुले आम घूम रहे हैं
कहानी कैद करने से क्या होगा...
शहर में कबसे मशहूर हैं हम
दीवारों के कान काटने से क्या होगा...
शायद तुम भूल गई हो
दीवारों के कान होते हैं
ज़ुबाँ नहीं...
हमारे किस्से तो... लोगो की ज़ुबाँ से
यहाँ-वहाँ भाग रहे हैं
अब उन्हें कैसे रोकोगी...
रोज़ गलियों में गूंजते हैं हमारे नाम...
कहीं सारी जगह
हमारी तस्वीरें पाँव पसारे बैठी है
किन-किन को बांधोगी ज़ंजीरों में...
पुरानी घड़ियो को तोड़ने से
वक़्त नहीं बदलेगा...
हमारे चर्चे तो
खुले आम घूम रहे हैं
कहानी कैद करने से क्या होगा...

तकलीफे तो हैं बहुत...

किसी ने उजाले दिखा के
अंधेरो में क़ैद कर लिया...
किसी के पीछे... मैं ना समझ...
अंगारो पे... नंगे पैर चल दिया...
ग़म पल रहा है... उसे पलने दो...
जो जैसा चल रहा है वैसे चलने दो...

तकलीफे तो हैं बहुत सीने में...
सीने में जो जल रहा है उसे जलने दो...
किसी ने बहोत प्यार से
आग लगाई है...
तो जलने का ये सिलसिला
यूँही चलने दो...

तेरे जाने के बाद में... सौ ख़ंजर चुभ रहे हैं...
तेरे साथ बिताए वो पल... दिल मेरा कुरेद रहे हैं...

तकलीफे तो हैं बहोत सीने में...
सीने में जो जल रहा है उसे जलने दो...
किसी ने बहोत प्यार से... आग लगाई है
तो जलने का ये सिलसिला
यूँही चलने दो...

तुम्हारी फुसफुसाहट...

तुम्हारी फुसफुसाहट को
बाँध के रखो...
मेरे कानों के करीब आकर
मुझे कपकपाहट दे जाती है...

और जो ये तुम दाँतों से कान का
एक टुकड़ा चबाती हो...
तुम्हें पता भी है
तब तुम एक साथ कितनी सुइयाँ चुभाती हो...

ठंडे होंठों से कैसे आग लगा लेती हो
ख़ून बहुत गरम हो जाता है...
इतना गरम की... रोंगटों का कारवाँ
पूरे बदन को जलाता है...

तुम्हारी फुसफुसाहट से कहो
मेरे कानों से दूर रहे...
और ये गीली साँसों का क्या चक्कर है?
क्यों तुम्हारी फुसफुसाहट से
लिपटी रहती है?

तुम्हारी फुसफुसाहट को
बाँध के रखो...

बन्दूक़ चला रही थी...

मेरी बाँहों में सुकून मिला था
तो किसी और की बाँहों में
कैसे पिघल गई तुम...
मेरे घेरे में महफ़ूज़ थी
फिर किसी और की बाँहों से
कैसे लिपट गई तुम...

तुम मुझको जला के
ख़ुद को कहीं ओर भीगा रही थी...
मेरे ज़ख़्मों में मरहम लगाके
तुम उसमें क्या मिला रही थी...
मैं तुम्हारे लिए जान दे रहा था
और तुम...
और तुम... मुझपे ही बन्दूक़ चला रही थी...

बेहूदा मोहब्बत...

बेशुमार बेक़रार
किया किसी ने इश्क़ में...
बेहद बेचैन
बेइंतेहा बेहिसाब
हुआ किसी के इश्क़ में...

बेमतलब के हुए वादे
बेफिज़ूल भरी बाते...
बेइज़्ज़त ज़लील आते जाते
बेअदब के सारे रिश्ते नाते...

बेसबर बेखबर
बेस्वाद हुआ लज़ीज़-ऐ-जिस्म के फरेब में...
बेआग जला
बेहया बेवफा की लपेट में चपेट में...
बेनाम बेकाम... इश्क़ है जुआ... मैं हुआ...
बेफिज़ूल बदनाम...

बेपरवाह बेझिजक... ज़माने से में लड़ रहा था...
बेशर्म बेपाक... इश्क़ पे मैं मर रहा था...
बेबस बेक़सूर
लकीरो की लाश ले के... किस्मत से आगे चल रहा था
बेगुनाह मैं... मिली सज़ा... बेरुखी से गल रहा था...

बेईमान दुआयें माँगी
काँटों का गुलज़ार मिला...
बेज़ुबान बेचारा दिल
बेधड़क बेकार हुआ...

बेपता आवारा... फिरा मारा मारा
बेमंज़िल बेचारा... किसी के इश्क़ में हारा...
बेतुके सवाल... सफ़र कटे बेहाल सारा
बेनसीब का टूटा... किस्मत का हर सितारा...

बेढंग किसी के प्यार में मैं
बेचारा बेसहारा...
बेबाक की मोहब्बत... किसी का क्या बिगाड़ा...
बेबुनियाद सा बनाया घर
हुआ बेदखल...
बेफिक्र चला... मैं आशिक़ अंगारों पे...
हो के बेअकल...

बेज़ुबान से शोर में
चीखें मेरी कैद...
बेनज़ीर सी सोच
और दर्मिया है भेद...

बेदम में कैसे साँस लूँ
हवाओं में घुटन...
बेइहम है ज़िन्दगी
कैसी ये चुभन...

•••

बेहोश हूँ... इश्क़ है अफीमी
लत है... नशा है... साफ़ करो इश्क़-ऐ-गर्द
बेअसर करो ये चोट
बेपनाह लहू में मिल रहा है... घुल रहा है दर्द

बेलौस बेपरवाह ये मोहब्बत
असल में
बेहूदा है ये मोहब्बत
बेहूदा है ये मोहब्बत

मेरी शर्ट में...

तुम्हारी ख़ुशबुएँ
कब तक संभाल के रखूँगा
मेरी शर्ट में...
बेचारा शर्ट
हैंगर पे लटका रहता है...
तुम्हारे पहनने के बाद
मैंने कभी उसे पहना नहीं...
हाँ कभी-कभी गले से
लगा लेता हूँ...
तुम्हारी ख़ुशबू है ना उसमें...
मैला हो जाए गा
तो ख़ुशबुएँ दूर चली जाएँगी...
पता है उसका एक बटन
टूट गया है...
बहोत उदास था...
की कहीं तुम्हें पता चला
तो तुम्हारा दिल भी टूट जाएगा...

शर्ट बस इतना ही चाहते है
कि कभी मैं उसे पहनु
और कभी तुम...

अब तुम ही बताओ
तुम्हारी ख़ुशबुएँ
कब तक संभाल के रखूँगा
मेरी शर्ट में...

उसके कहने पे...

उसके कहने पे...
मैंने अपनी कमीज़ की आस्तीन को...
दो करवटों में बाँध दिया...
वो मेरी कलाई पे दांतों से घडी बनाने का शौख रखती थी...

उसके कहने पे...
मैंने मोज़ों को उतार दिया...
मेरे पंजे और तलवों को
उसकी पाँव की उँगलियाँ
खूब चूमा करती थी...

उसके कहने पे...
मैंने अपनी साँसों को
उसके जिस्म पे आज़ाद किया...
उसकी खुशबुएँ मेरी साँसों का नशा करती थी...
फिर बिना कहे ही... मैंने ख़ुद को उसे सौंप दिया...
और उसने मुझे...
ये बात तब की है... जब वो मुझ में रहती थी...
और मैं उसमें रहता था... और हाँ...
उसके ही कहने पे...
मैंने मोहब्बत का खून किया...
जो भी किया... सब उसके कहने पे...

ख़ून की बूँद...

तुम्हारे जिस्म में उतरूंगा कभी
ख़ून की बूँद बन कर
और सीधे दिल तक जाऊँगा...

तुम्हारी रूह मिलेगी तो
अपने एहसास उसे भी बताऊंगा...
वो महसूस करे ना करे
मैं तो महसूस कराऊंगा...

तुम्हारी आँखों को
दर्द–ऐ- दास्ताँ दिखाऊंगा
गले में सूखे आंसुओं को
फिर से भीगाउँगा...

जितना मुझे जलाया है
उतनी ही आग लगाऊंगा...
पर अंदर की जलन
मैं तुम्हें भी समझाऊंगा...

तुम्हारे जिस्म में उतरूंगा कभी
ख़ून की बूँद बन कर
और सीधे दिल तक जाऊँगा...

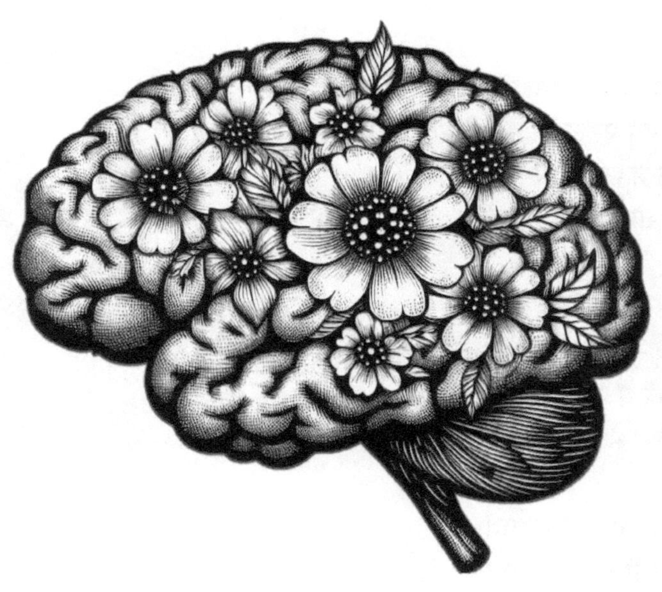

ख़्याल रोक नहीं पाएंगे...

कितने भी पहरेदार लगवा दो
मेरे ख़्यालों को... वो रोक नहीं पाएंगे...
मन के दरवाज़े भले ही बंद कर दो
वो दिल के रास्ते से आ जाएंगे...
पर मेरे ख़्यालों को तुम्हारे पहरेदार
रोक नहीं पाएंगे...

और मैंने सुना है
तुम यादों को दफ़्न करना चाहती हो...
पर पहले उनका ख़ून तो करो...
जानता हूँ... तुमसे नहीं होगा...
मैं तुम्हारे लिए... ये भी कर सकता हूँ
अगर मुझे सज़ा में... ता-उम्र के लिए... तुम मिलो...

भुलाना क्यों चाहती हो तुम मुझे?
मैं कौनसा रोज़ तुम्हारे ख़्वाबों में...
खंजर चुभाने आता हूँ...
मैं तो बस तुम्हारा माथा चुमके...
दो घड़ी तुम्हारी बाँहों में
आराम फरमाता हूँ...
लेकिन सुबह होने से पहले
वापिस भी तो लौट जाता हूँ...

हाँ पर मेरे ख़्यालों से तो
मैं भी परेशान हूँ...
वो तो तुम तक रोज़ आएंगे...
और तुम्हारे पहरेदार...
उन्हें रोक भी नहीं पाएंगे...

मुद्दतों से...

मुद्दतों से तुम्हें
चाहते हैं हम...
पर एक लब्ज़ भी तुमसे
कह ना सके हम...
दिन रात की थी मशक्क्त
हाल ऐ दिल कहने को...
पर डर के मारे
कुछ कह ना सके हम...

तुम्हारे एहसासों से... कट रही है ये ज़िन्दगी...
पछता रहा हूँ मैं आज तक... क्यों बात दिल की कही नहीं

फिर एक दफा तुम...
सामने आजाओ...
कह देंगे तुम से...
जो कह ना सके हम...

मुद्दतों से तुम्हें...
चाहते हैं हम...
पर एक लब्ज़ भी तुमसे...
कह ना सके हम...

ये कैसा ख़ालीपन है... ये कैसी चुभन है...
तक़दीर में ये क्या लिखा है... उदास क्यों मेरा मन है...

ये ज़िन्दगी कट रही है...
और बढ़ता ही रहा ग़म...
ये सांसें चल रही है...
पर जी नहीं रहे हम...

मुद्दतों से तुम्हें
चाहते हैं हम...
पर एक लब्ज़ भी तुमसे
कह ना सके हम...

ऐ दिल ना काँटा है ना ख़ंजर...

ऐ दिल ना काँटा है ना ख़ंजर
फिर ये चुभ क्या रहा है...
छलनी तो है नहीं तू
फिर दुख क्या रहा है...

चोट तो कबसे लगी है
फिर घाव अब तक हरा क्यूँ है...
घबराहट किस बात की है
तू इतना डरा क्यूँ है...

कभी तेज़... तो कभी धीरे धड़कता है...
दिल है तू... फिर भी दिमाग़ से लड़ता है...
ऐ दिल... तू इतना बेसबर... इतना बेचैन क्यूँ हैं...
साँसे तो चल रही हैं... पर इतनी घुटन क्यूँ हैं...

ऐ दिल संभाल ख़ुद को
ऐ दिल संभाल मुझको
ऐ दिल...

जी भर के रोना है...

तेरी बाँहों में
मुझे बच्चा बनके सोना है...
आज तुझसे लिपट कर
जी भर के रोना है...
सदियों के लिए जा रही हो
कुछ पल के लिए तेरा होना है...
आज तुझसे लिपट कर
जी भर के रोना है...

माफ़ किया...

तेरे प्यार ने खींच के तमाचा मारा गाल पे...
ऐरा ग़ैरा नत्थू-ख़ैरा हँस रहा मेरे हाल पे...
मुँह मेरा काला किया काला था कुछ दाल में...
धोका था दिखावा था तेरे झूठे प्यार में...
ज़ख़्मों से... कर्मों से... छलनी हुआ में अपनो से...
तेरी नींदो के लिए... मैं लड़ गया था सपनो से...
रुलाके... भुलाके... तूने
आज़ादी को क़ैद किया...
जिस थाली में खाया तूने
उसमें ही क्यूँ छेद किया...
दौलत की लकीर खींच के
दर्द ख़ुशी को बाँट दिया...
कितनी शानी लोमड़ी तू
बब्बर शेर का काट दिया...
गंगा नाह ले जा
दिल तोड़के तूने पाप किया...
तू भी क्या याद रखेगी
जा मैंने तुझको माफ़ किया...

मुझे दूर करे जो तुझसे...
उस दुनिया को मैं
निचोड़ दूँ... तोड़ दूँ... फोड़ दूँ...
मैं केसे तुझको छोड़ दूँ...

मैंने प्यार किया... तूने ख़ंजर मारा सीने पे
मैंने माफ़ किया...
साथ ना दिया जीने में
मैं ख़ूब पिया...
ग़लत किया... ख़ुद को कांधा ख़ुद दिया...
तेरे मगरमच्छ के आँसुओ ने... जला दिया पिघला दिया...
तस्वीरें यादें... रातें... बातें...
सब कुछ तूने भुला दिया...

गंगा नाह ले जा
दिल तोड़के तूने पाप किया...
तू भी क्या याद रखेगी
जा मैंने तुझको
माफ़ किया...

जीने को काफी नहीं ज़िन्दगी...

जीने को काफी नहीं ज़िन्दगी
इसमें तेरी मौजूदगी भी ज़रूरी है

तेरी कमी है... तू मुक्कमल हो नहीं सकती...
जिस्म नसीब हो जाएंगे
पर रूह... हु-बा-हु... हो नहीं सकती...

तुम लौट भी आओ
तो अब कुछ नहीं बदलेगा...
जो तुम कल थी
वो तुम आज हो नहीं सकती...

ज़मीं पाऊँ से खिसक गई है
और मुझको फिर भी चलना है...
ये जो आग तुमने लगाई है
इसमें राख़ होने तक जलना है...

जीने को काफी नहीं ज़िन्दगी
इसमें तेरी मौजूदगी भी ज़रूरी है
पर...

ना मैं रहूँगा ना तुम रहोगी...

ना मैं रहूँगा ना तुम रहोगी
रहेंगे यहाँ बस हमारे निशाँ...

कहानियों में... शायरियों में...
आशिक़ों की... डाईरियों में...
लबजों में... और लिफ़ाफ़ों में...
दीवारों पे लिखे नामों में...
मरके भी ज़िंदा रहेंगे सदा
इस बात का तो ख़ुदा ख़ुद गवाह...

ना मैं रहूँगा ना तुम रहोगी
रहेंगे यहाँ बस हमारे निशाँ...

बाँहों में एक नन्ही जान होगी...
जिस से हमारी पहचान होगी...
लम्हों से ज़मानों में...
ज़मीं से आसमानों में...
जाना है सबको यहाँ से वहाँ
जहाँ पे बचा है धुँआ ही धुँआ...

ना मैं रहूँगा ना तुम रहोगी
रहेंगे यहाँ बस हमारे निशाँ...

कभी-कभी...

कभी-कभी मेरी याद तो आती होगी
मेरी तरह तू भी दर्द छुपाती होगी...
मिलने का मन तो होता होगा
पास आते-आते रुक जाती होगी...
ख़ुद ही... ख़ुद को सताती होगी
ख़ुद ही ख़ुद को मनाती होगी...
ख़ुद ही ख़ुद को समझाती होगी
तकिये को गले लगाती होगी
दो आँसू छुपके बहाती होगी

कभी-कभी
खिड़की से बाहर देखती होगी
ख़्यालों में बहकती होगी
सवालों में उलझती होगी
जवाबों में सुलझती होगी
कभी मन करता होगा
उस पार चले जाऊं...
कभी-कभी मन करता होगा
इस पार ही रह जाऊं...
कभी मन करता होगा
जाऊँ तो कहा जाऊँ...

कभी-कभी मन करता होगा
ये हाल किसे बताऊँ...

माना कभी-कभी भूल जाती होगी
और कभी-कभी मेरी याद आती होगी...

उन्हें ख़बर भी नहीं...

वो तो चली गई
अब मेरी फ़िक्र भी नहीं...
जिन लबों पे रहता था नाम मेरा
वहाँ अब मेरा जीकर भी नहीं...

मैं उन्हें अब भी चाह रहा हूँ
और उन्हें ख़बर भी नहीं...
दीवानो की भीड़ है शायद
जो मुझपर नज़र भी नहीं...

जब मिलेगी ख़बर मेरी
फूल चढ़ाने आ जाना...
दिखावा ही सही
दिखावा करने आ जाना...

पर ढूँढोगी कहाँ मुझे
मेरे नसीब में तो कबर भी नहीं...
मैं उन्हें अब भी चाह रहा हूँ
और उन्हें ख़बर भी नहीं...

धीरे धीरे तेरे प्यार में...

मेरे हिस्से की बारिशें
कहीं और लुटा रही हो...
मैं बंजर हो रहा हूँ
तुम गुल खिला रही हो...
फिर से ना जुड़ सकूँगा
ऐसा टूटा हूँ...
बिन तेरे रोज़ाना
मैं तो मरने लगा हूँ...

धीरे धीरे तेरे प्यार में
मैं तो जलने लगा हूँ...
धीरे धीरे तेरी याद में
मैं पिघलने लगा हूँ...

किसी और की ख़ुशबुओं में
तुम घुलने जा रही हो...
किसी और की हवाओं से
क्यूँ मुझको बुझा रही हो...
देखो आसमान में
मैं भटकता धुआँ हूँ...
तेरी आग से मैं
राख होने लगा हूँ...

धीरे धीरे तेरे प्यार में
मैं तो जलने लगा हूँ...
धीरे धीरे तेरी याद में
मैं पिघलने लगा हूँ...

उदास है मेरा गिटार...

जब से तुम गई हो
तब से उदास है मेरा गिटार...
कोई धुन नहीं सुनाता
टूट गया है मेरा यार...

दरवाज़े तो है ही नहीं... है तो बस दीवार...
तुम नहीं तो... वीराना है घर बार

मेरे सूखे आँगन को... तेरी बारिश का इंतज़ार...
पतझड़ ही पतझड़ है सब... ना है कोई बहार...

जब से तुम गई हो
तब से उदास है मेरा गिटार...
शायरियों से बस
दर्द मांगता है हर बार...

मैं भी टूट गया हूँ
और टूट गया है मेरा गिटार...
हर धुन में
तेरी ही धुन हम दोनों पे सवार...

जब से तुम गई हो
तब से उदास है मेरा गिटार...

तुम और हम हैं...

आँखें बंद करके महसूस करो
इस दुनिया के हर ज़र्रे में
तुम और हम हैं...

रात के उजालों में... तुम और हम हैं...
इन रंगीन राहों में... तुम और हम हैं...

महकती हवाओं में... तुम और हम हैं...
कुदरती नज़रों में... तुम और हम हैं...

तुम और हम हैं... तुम और हम हैं...
टूटते तारों में... तुम और हम हैं...
तुम और हम हैं... तुम और हम हैं...
जुगनुओं के नूर में... तुम और हम हैं...

इन खूबसूरत पहाड़ों में...
पेड़ों की छाँव में...
नदियों के किनारों में...
किसी प्यारे गाँव में...
रूमानी आसमान में...
सुरमई से समा...
इस सारे जहाँ में...
तुम और हम हैं...

मेरे अंधेरों का तुम आफ़ताब हो...
तुम मेरी हक़ीक़त और तुम ही ख़्वाब हो...
शायरों की शायरियों में... तुम और हम हैं
आशिक़ों की डाइरियो में... तुम और हम हैं

तू जादुई है, तू अप्सरा है...

तुझे देखा तो मैंने जाना, मेरी दुनियाँ
तू ही तो है...
जहाँ जहाँ मेरी नज़रें जाएं
वहाँ तू ही तो है...

तू जादुई है... तू अप्सरा है...
तू हूर परी... ओ नज़नीन...
इंद्रलोक की सुंदरियाँ
जलती हैं तुझसे... तू है हसीं...

तुझे देखा तो मैंने जाना मेरी दुनियाँ
तू ही तो है...
जहाँ जहाँ मेरी नज़रें जाएं
वहाँ तू ही तो है...

ऐ हसीना
तुझमें चाँद का नूर घुला है...
खुदा का करिश्मा है तू
सारा जन्नत भी तुझपे फिदा है...

ऐ हसीना
तुझ में गुलकंद सा मिठा नशा है...
फूलों के रस से बनी... तेरी ये सुंदर त्वचा है... तू जादुई है, तू अप्सरा है...

बालकनी में आती रहो...

तुम रोज़ बालकनी में आती रहो
और मैं नज़रों से तुमको चूमता रहूँ...
तुम रोज़ मुझे देख के मुस्कुराती रहो
और मैं तुम्हारी गलियों में झूमता रहूँ...

तुम होंठ दबाये बैठी रहो
और मैं तुम्हें सुनता रहूँ...
तुम फैको कुछ इशारे
और मैं इशारे बीनता रहूँ...

तुम रोज़ बालकनी में आती रहो
और मैं नज़रो से तुमको चूमता रहूँ...

तुम हवाओं में खुशबु भेजा करो
और मैं उसमें लिपटता रहूँ...
तुम दूर से लगाओ गले
और मैं एहसासों में सिमटता रहूँ...

तुम अदाओं से जलाती रहो
और मैं तो बस पिघलता रहूँ...
तुम शर्माती इतराती रहो
और मैं तुम में बिखरता रहूँ...

तुम रोज़ बालकनी में आती रहो
और मैं नज़रो से तुमको चूमता रहूँ...

मैं ख़ुद को तुम्हारे पास में...

मैं ख़ुद को तुम्हारे पास में
छोड़ कर जा रहा हूँ...
हाँ जानता हूँ ये है ग़लत
पर मैं सही कहाँ हूँ...

आवारा कहो या... कहो तुम मुसाफिर
मैं तो सफर का हुआ हूँ...
इश्क़ किया मैंने बहोत
अब काम से इश्क़ मैं करने चला हूँ...

मैं ख़ुद को तुम्हारे पास में
छोड़ कर जा रहा हूँ...
हाँ जानता हूँ ये है ग़लत
पर मैं सही कहाँ हूँ...

नाराज़ रहने का हक़ है तुम्हें
मैं तुमको सताने लगा हूँ...
हाँ दिल तोडा मैंने तुम्हारा
पर मैं बेवफा कहाँ हूँ...

मैं ख़ुद को तुम्हारे पास में
छोड़ कर जा रहा हूँ...
हाँ जानता हूँ ये है ग़लत... पर मैं सही कहाँ हूँ...

कस्तूरी...

नाभी में लिए कस्तूरी
ढूंढे हिरणी ख़ुशबू जंगल में...
देखन गई फुलवारियाँ
और कस्तूरी थी आँगन में...

बावरी पिए घाट-घाट का पानी...
मधुर सुगन्धित प्यास बुझानी...
मोह की पीड़ा हृदय पे भारी...
मोह की पीड़ा हृदय पे भारी...
जतन करे ये कितना... कितना...
जतन करे ये कितना...
कस्तूरी... कस्तूरी...
फिर भी हाथ ना आनी...

नाभी में लिए कस्तूरी
ढूंढे हिरणी ख़ुशबू जंगल में...

दुखियारे नैनन
राह तकत है...
खुदई ख़ुद से रोज़ लड़त है...
भीतर अग्नि प्राण हरत है
भीतर अग्नि प्राण हरत है...

जतन करे ये कितना... कितना...
जतन करे ये कितना...
कस्तूरी... कस्तूरी...
फिर भी हाथ ना आनी...

हम भी किसी के हो जाएँगे...

वो भी किसी के हो गए हैं
हम भी किसी के हो जाएँगे...
एक कुवे के दो घड़े
दो अलग घर में जाएँगे...
ख़ुद तरस रहे हैं बूँद को
और दूसरों की प्यास बुझाएँगे...
तेज़ हवा के कोहरे में
दो पत्ते टूट जाएँगे...
वो भी किसी के हो गए हैं
हम भी किसी के हो जाएँगे...

कुछ हवा के झोंके...

क्या तुमने भेजा है बारिश को
यहाँ काले बादल छाए हैं...
मौसम को अब होश नहीं और
मदहोशी के साए हैं...

कुछ हवा के झोंके यहाँ पे
तेरी ख़ुशबू लाए हैं...

तुम भिगना चाहती हो
पर शर्त यह है कि बारिश में बनूँगा...
तुम जी भर के भीगना
और मैं जी भर के जलूँगा...

काग़ज़ की कश्ती वाले दिन फिर
आज मैंने सजाए हैं...
अर्से बाद रंगीन उजाले
मुझसे मिलने आए हैं...

कुछ हवा के झोंके यहाँ पे
तेरी ख़ुशबू लाए हैं...

बारिशों में हैं चिंगारियाँ...

बारिशों में हैं चिंगारियाँ
और मेरा घर है बारूद सा...
सब राख होने लगा... सब खाक होने लगा...

काले बादल छाए
ज़िन्दगी में यूं क्यों...
रूठा है मुझसे क्यों उजाला...
ये तेज़ हवाएँ
जाने कहाँ पे ले जाए...
नहीं कोई मेरा
हाल-ए-दिल समझने वाला...
और कितना सताओगे...
कितना रुलाओगे...
जलती है सीने में यादों की ज्वाला...
लौट के आ जा...
तू लौट के आजा...
तेरे बिना उतारे ना गले से निवाला...

तुम्हारी यादें
तूफां लाई है
मैं कैसे संभालूं खुद को बता...

पिछली बारिश में
जाने तूने मुझे क्यों छोड़ दिया...
मैं वफ़ा पे वफ़ा लुटा ता गया
फिर भी तूने दिल मेरा तोड़ दिया...
जो होना था वो तो हो ही गया
अब छोड़ पुरानी बातों को
अब आ भी जा मेरी बाहों में
मुझे नींद नहीं आती रातों को...

 तुम्हारी यादें
तूफान लाई है
मैं कैसे संभालूं खुद को बता...

चश्मिश...

चक्षु तेरे सुंदर-सुंदर
उसपे चश्मा भी है अति सुंदर सुंदर...
तेरी आँखों का गहना
चाँद से चेहरे पे...
ए हूर... नूर सा... चमकता है...

तेरे चक्षुओं पे... चश्मा
ओ चश्मिश... हसीं लगता है...
ओ चश्मिश... ओ चश्मिश...

ए सुंदरी... तू तो है जादुगारी...
अप्सरा है तू...
तू तो है कोई परी...
कहानियों के शहर की सबसे
खूबसूरत हसीना है तू...
खुशबू तेरी पुष्प से मिठी
तिलिस्मी करिश्मा है तू...

रूप तेरा शीतल शीतल
हृदय में मेरे तू आज कल...

तेरी आँखों का गहना
चाँद से चेहरे पे...

ए हूर... नूर सा... चमकता है...
तेरे चक्षुओं पे... चश्मा...
ओ चश्मिश... हसीं लगता है...
ओ चश्मिश, ओ चश्मिश

तुम... मैं... and Things Close to My Heart

एक शहर था...

एक शहर था
जहाँ हम दोनों के अलावा
कोई नहीं रहता था...

वहाँ रात और दिन का आना मना था
सिर्फ सुबह की मनमानी चलती थी...
गुलाबो के बिस्तर पे
बर्फीली बारिशें पिघलती थी...

सूरज आधा ही खिलता था
और किरणे छन के आती थी...
चाँद भी सूरज का पडोसी था
और चाँदनी टिमटिमाती थी...

हलकी ठंड धुप को
टहलने बुलाती थी...
हवा खुशबुओं के बिना
कहीं नहीं जाती थी...

ज़मीन पे तितलियाँ
मख़मली पत्ते बिछाती थी...
और समुंदर में
मछलियाँ गुलाबी रंग मिलाती थी...

चमकीले बगीचे में
रौशनी चमक चुराती थी...
अँधेरे के आते ही
छूमंतर हो जाती थी...

ख़ामोशी की खुसर-फुसर
बहुत शोर मचाती थी...
पेड़ो की लोरी सुनके
चूप-चाप से सो जाती थी...

तरबूजों की टोली
गाने गाया करती थी...
गिलहरियाँ उन सबकी
मिठास पे मरती थी...

चमत्कारी मोहल्ले में
एक खिड़की हुआ करती थी...
वहाँ जाने के लिए
तश्तरी उड़ा करती थी...

काली-काली गलियों में
जुगनुएँ रहा करती थी...
प्यारी-प्यारी सीपियाँ
अपनी ही धुन में चलती थी...

मालपुओं की महफ़िल में
चीनी इतराया करती थी...

फूली हुई गुठलियाँ
नजाने क्या-क्या खाया करती थी...

झरने की सहेलियाँ
शरबत पिलाया करती थी...
गीली-गीली घास
गुलकंद बनाया करती थी...

पहाड़ो के सुन्दर चहरे
वादियाँ छुपाया करती थी...
भँवरे की एक नज़र से
कलियाँ शर्माया करती थी...

रंग-बिरंगी छत्रिया
धुप से बहुत डरती थी...
बारिशें फिर आके उनको
बाहों में अपने भर्ती थी...

गुपचुप गुमसुम कश्तियाँ
रफू चक्कर होती थी...
किनारे पे लहरें आके
फुट-फुट के रोती थी...

बहुत सी बाते हैं उस शहर की
कभी और बताऊंगा...
एक शहर था...
जहाँ हम दोनों के अलावा...
कोई नहीं रहता था...

अहम् को तोड़ दो...

अहम् को चोट लगी?
तो मरहम के लिए थोड़ा सा अहम् को तोड़ दो...
वरना टुकड़े-टुकड़े हो सकते हैं
तुम्हारी ज़िंदगी के...
अहम् धोकेबाज़ है
हमें वो जो सच बताता है...
अक्सर वो सच... झूठ पहनकर आता है...
और अच्छे दिनों को तबाह कर देता है...
अहम् बर्बादी की वजह में सबसे अव्वल है...
क्यों अहम् के ब्रह्म में
हक़ीक़त से दूर भागना...
उसकी मुलाक़ात भी उसकी औकात से कराना ज़रूरी है
क्यों की उसका घमंड तो सातवे आसमान पे पहुँच जाता है
उसको ज़मीन की कीमत बतानी पड़ेगी...
वरना दुनिया बैठी है इंतज़ार में
की कब इंसान को गिराए
और अहम् का पर्दा हटायें...
अहम् को चोट तो लगती है
इसीलिए मरहम के लिए... थोड़ा सा अहम् को तोड़ दो...

जल्द ही उजाले ला दूँगा...

क़ाबिल बनाया है आपने
कामयाब बनके दिखा दूँगा...
वज़न उधार का मत उठाओ
सब कुछ मैं चुका दूँगा...
ज़मीन देख ली है
घर भी जल्द ही बनवा दूँगा...
थक गए हो ना बहुत
ये थकान मैं मिटा दूँगा...
अंधेरे में नहीं रख सकता आपको
जल्द ही उजाले ला दूँगा...
जल्द ही उजाले ला दूँगा...

मैं जानता हूँ
भूख आपकी तब मिटेगी
जब मेरी कमाई की रोटी
अपने हाँथों से आपको खिला दूँगा...
समझता हूँ दर्द आपका
इस दर्द पे मरहम लगा दूँगा...
इज़्ज़त बहुत कमाई आपने
मैं उसपे चार चाँद लगा दूँगा...

अंधेरे में नहीं रख सकता आपको
जल्द ही उजाले ला दूँगा...

माँ – बाप...

मुझे जवान नहीं होना
मैं माँ-बाप को
बूढ़े होते देख रहा हूँ...

मेरे आराम के लिए
वो बहुत थक चुके हैं...
अब मैं उन्हें
और कमज़ोर होते नहीं देख सकता...

उनके खाते में
मुझे मेरी उम्र लिखवानी है...
मेरे सितारे अब उनके हवाले करने हैं
मुझे उनकी तक़दीर मुझसे ज़्यादा चमकानी है...

जितने भी ज़ख्म आएंगे उनकी तरफ
अब उनसे मैं टकराऊँगा...
मेरी ढाल बनके रहे हैं वो
अब उनके लिए मैं तीर खाऊंगा...

मेरे हिस्से की सारी रौशनी अब उनकी है
मेरा क्या है मैं तो अँधेरे में भी रह सकता हूँ...
चोट कितनी भी गहरी लगे मुझे

दर्द उनकी तरफ नहीं जाना चाहिए
मैं तो अभी बहुत कुछ सह सकता हूँ...

मैं फूल सा था
उनकी बाग़बानी ने मुझे पेड़ बनाया है
अब फल देने की बारी मेरी है...

वक़्त मैं तेरे आगे
घुटने टेक रहा हूँ...

मुझे जवान नहीं होना
मैं माँ-बाप को
बूढ़े होते देख रहा हूँ...

ऐ दोस्त...

पहले मुझे डुबाया
फिर तैरना सिखाया...
दिया धक्का पहाड़ से
फिर बचाने के लिए हाथ बढ़ाया...
चोट लगी तो
मरहम नहीं दिया
कहा सह इस दर्द को
और सच कहूँ तो
दर्द में हँसना सिखाया...
ऐ दोस्त
तेरी दोस्ती इतनी गहरी
की तू कभी दुश्मन बन नहीं पाया...
माफ़ करना अगर मैं तुझे कभी समझ नहीं पाया...
पर तू ही तो है जिसने मेरी मुश्किलों में
हाथ बढ़ाया...
ज़रूरत आने पे थप्पड़ भी लगाया
और अपनी बाहों में भर के चुप भी कराया...
ऐ दोस्त
तू मेरे जीवन में फ़रिश्ता बनके आया...
मुझे लगा मैं अकेले चल रहा था
पर तू ध्यान रख रहा था मेरा
बन के मेरा साया...

कर्मा...

तरेगा... डूबेगा... जलेगा... गलेगा... गिरेगा... मरेगा...
जो जितनी आग लगाएगा... वो उतना राख हो जायेगा...
पाप की करनी पे तो भ्राता
कर्मा आग लगाएगा...
जो बोयेगा वो पायेगा...
बेटा कर्मा आएगा... बेटा कर्मा आएगा...

दुष्ट पापी तू डर
उप्पर कर नज़र...
राम उधर से देख रहे हैं
रावण कर फिकर...
जैसी तेरी करनी होगी... वैसी तेरी भरनी होगी...
साम दाम दंड भेद... चित्रगुप्त करेगा छेद...
मौत विमान तेज़ चलाके... यमराज तो आएगा...
पाप घड़ा भरजाएगा... अंदर-अंदर सड़ जायेगा...
ना सोयेगा... रोयेगा... जो पाया है वो खोयेगा...
तेरे मरने पे गंगा मैं राख कलश बह जाएगा...
राम नाम सत्य है... सत्य बोलो गत्य है...
राम नाम सत्य है... सत्य बोलो गत्य है...
दुनियाँ में तो बस यही रह जायेगा...
जो बोयेगा वो पायेगा...

बेटा कर्मा आएगा...

• • •

रक़्त... तख़्त... वक़्त... के जो खेल खेलेगा...

सर कटेगा... धड़ गिरेगा... पापियों की आत्मा को नर्क मिलेगा... नर्क मिलेगा...

नर्क तो नर्क है... वहाँ ना कोई फर्क है...

गरुड़ पुराण पढ़ ज़रा

हर पाप के लिए भिन्न-भिन्न है सज़ा...

कर्म की सज़ा... संस्कृत में तू सुन ज़रा...

तमिस्रम... रौरवां... तप्तमूर्ति... अग्निकुडम... अंधकूपं... कुम्भीपाकाम...

कृमिभोजनम...

शनि जो तेरे आसमाँ पे एक बार आएगा

सारे गृह सितारों को

जो किया वो दे जायेगा...

जो बोयेगा वो पायेगा...

बेटा कर्मा आएगा...

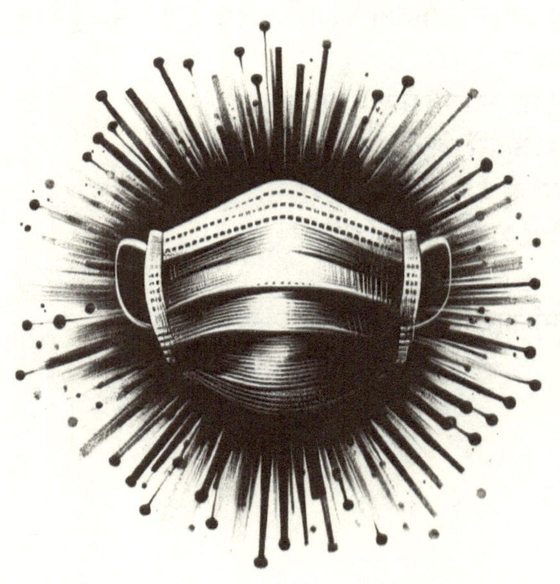

खंजर टहलने आया है...

दुनिया का गला काट के
खंजर टहलने आया है...
उजाला क्यों बैठा छुपके
कैसा अँधेरा छाया है...

बिना आग के देखो इसने
दुनिया को खूब जलाया है...
खंजर से हाथ मिलाके इस
कुदरत ने जाल बिछाया है...

हज़ारों जड़ से टूट रहे हैं
ये तेज़ हवा जो लाया है...
बंजर नज़ारा देख के
हर फूल घर में मुरझाया है...

चुप-चाप से आके ख़ामोशी ने
सारा शोर सुलाया है...
हर कहीं पे भीड़ बहुत थी
अकेलेपन से हमे मिलाया है...

नंगे पाँव ये खुनी खंजर
हमको समझाने आया है...
हम सारे पापी है कलयुग में... जो विष्णु ने हमे भुलाया है...

हिमालय की बाँहों में...

पहाड़ो पे चल चलें
नीले गगन तले...
ठंडी हवाओं में
हिमालय की बाँहों में...

उड़ते बादल... उड़ते परिंदे...
रूमानी नज़ारा... सुहाना ये सफर...
फूलों की पंखुड़ियाँ कोमल
बर्फ़ीला... मलमल... मखमल...
श्वेत... निर्मल... शीतल जल

पहाड़ो पे चल चलें
नीले गगन तले...
ठंडी हवाओं में
हिमालय की बाँहों में...

सूर्योदय... सूर्यास्त... के मंज़र हैं हसीं...
धरती का चाँद हैं...
चम-चम चमकती बर्फ़ीली ज़मीं...
कुदरती करामातें क्या ख़ूब हैं
पहाड़ों में जादू है...

पहाड़ो पे चल चलें
नीले गगन तले...
ठंडी हवाओं में
हिमालय की बाँहों मैं...

मुश्किलें...

मुश्किलें कम नहीं कर सकते
तो बढ़ाओ भी मत...
मेरे पास जलने के लिए बेहद आग है
तुम से थोड़ी बारिश चाहिए
और तुम हवा दे रहे हो...
अरे आग बुझा नहीं सकते
तो लगाओ भी मत...
मुश्किलें कम नहीं कर सकते
तो बढ़ाओ भी मत...

तुम नहीं जानते
मेरे अंदर की उथल-पुथल
एक अनदेखा तूफ़ान है
जो रोज़ मुझे थोड़ा-थोड़ा
तबाह कर रहा है
कुछ है अंदर
जो समझ नहीं आ रहा...
तक़दीर से तो भरोसा उठ गया है
पर उम्मीद ने होंसला बनाये रखा है
पूरा होके भी अब आधा हो रहा हूँ
खोकला हो रहा हूँ... ख़तम हो रहा हूँ...
इसीलिए गुज़ारिश है की

• • •

इज़ाफ़ा कर नहीं सकते
तो मुझे घटाओ भी मत...
मुश्किलें कम नहीं कर सकते
तो बढ़ाओ भी मत...

रंगीन मुसाफिर...

खुला आसमाँ... बंजर शजर... पतझड़ के पत्ते... दूर शहर
यहाँ पे शोर ख़ामोशी का...
नंगी धुप... टहलती हवा... बादल की लहरें... तैरते पंछी...
धुंधला धुआँ...
दरारि दीवार... खंडर बज़ार... पहाड़ो की पुकार...
ठंडी बहार...
ख़स्ता रास्ता... पत्थरों पे ठोकर...
मैं चला जाने किस पार... मुश्किलें मेरे पीछे और मैं फरार...
नहीं ख़बर... मैं चला मगर... खूबसूरत सफर...

आवारा राही... बेहोश खानबादोष...
क्षितिज के पीछे... पूरा मदहोश...

काले कपड़ो में लिपटा... रंगीन मुसाफिर...
बेपता... कहाँ चला...

टूटा दिल... शरीर के अंदर... देखा अंदर... सूखा समुंदर...
तन्हाई... तूफ़ान बवंडर...
पीठ पे खंजर... मैं बंजर...
भरोसे का ख़ून... धोके के हाथ... बिछड़ा साथ...
दुनिया ने दी मात... ग़लत बात...
कब्र कंकाल बेहाल... जिस्म राख ख़ाख़...
रूह बंजारी रात कारी कजरारी... फिरे आवारी...

उजालों का ख़ून... अंधेरा जूनून...
सुनसान सन्नाटा... लापता सुकून...
ख़ामोशी चिल्लाती हाफति... चाँदनी झाकती...
तारों की भीड़... अकेला चाँद... आसमान जहान... अँधां ब्रह्माण...

आवारा राही... बेहोश खानबादोष...
क्षितिज के पीछे... पूरा मदहोश...

काले कपड़ो में लिपटा... रंगीन मुसाफिर...
बेपता... कहाँ चला...

जोगन...

बावरी हुई मैं तो... तोरे प्रेम में
भूल बैठी ये दुनिया...
तोरे बिना मोहे चैन ना आवे...
लागे ना कहीं पे पिया मोरा जिया...
तोरी लगन में... हुई मगन मैं...
मोहे अंग लगा दो सवारियाँ

मैं सुध-बुध खो बैठी रसिया...
मेरा तन-मन तेरा ओ सैयां...
मैं जोगन -जोगन... तेरी बैरागन
जग को भूल के नाचूं पिया...

भूल जा इस दुनिया को
और मन से पिया का नाम ले...
मीरा को भी कृष्ण मिल गए
तू सयम से काम ले...
सारी बंदिशें तोड़ दे
क्या रोकेगी तुझको पाबन्दी...
पीर-फ़कीर सा नाच झूम के
तू है सच्ची रब की बंदी...

मैं बंजारन... हूँ तेरी दीवानी...
मुझे दुनिया की परवाह नहीं है

मैं जग से बेगानी...
काहे सातवे... काहे रुलावे...
ओ रे फकीरा काहे कछु नहीं भावे...
तोरी लगन में... हुई मगन मैं...
मोहे अंग लगा दो सवारियाँ...

मैं सुध-बुध खो बैठी रसिया...
मेरा तन-मन तेरा ओ सइयाँ...
मैं जोगन -जोगन... तेरी बैरागन
जग को भूल के नाचूं पिया...

शुन्य ही शुरुआत है...

शुन्य है मेरे पास
मैं ग़रीब नहीं हूँ...
क्या हुआ जो
रुपयों के करीब नहीं हूँ...
शुन्य ने भूके पेट को
गणित समझाई है...
फटी जेब में
शुन्य ने तिजोरी चमकाई है...
लाखों करोड़ो का वजूद
शुन्य ही है...
अमीरी का आगाज़ भी
शुन्य ही है...
शुन्य के बिना तो
संख्या भी अधूरी है...
शुन्य तो ज़रूरी है...
शुन्य वो विरासत है
जो सबके नसीब में है...
और शुन्य से बड़ी दौलत
कोई नहीं...
शुन्य एक गुरु है...
शुन्य एक चोट है और शुन्य ही एक मरहम है...

शुन्य ही शुरुआत है...

मेरी प्यारी Cigarette...

तूने काले अंधेरों में जल के
मुझे बुझाया है...
मेरे पागल दिमाग को
बहुत समझाया है...

सीने में जो माॅस का टुकड़ा
धड़क-धड़क के
ख़ुद की जान ले रहा था
उसे साँस लेना सिखाया है...

दुनियाँ धोका देती रही
पर तूने भरोसा जगाया है...
ख़ाली वक़्त में
एक तेरा ही साथ काम आया है...

तुझे होठों से लगाके
मैंने इस जिस्म को तड़पाया है...
पर रूह को सुकून तो
तुझसे ही आया है...

तूने बेहिसाब मोहब्बत लुटाई
पर अब तुझे छोड़ने का सवाल आया है...
माफ़ करना... तेरा दिल तोड़ने का ख़्याल आया है...

मेरी प्यारी सिगरेट
तेरा आशिक़ तूफे में तेरे लिए अलविदा लाया है...

एक अकेला ख़्वाब बेचारा...

हर जगह से टूटने लगा था
एक अकेला ख़्वाब बेचारा...

हाँ ज़मीन पे रहता था वो मगर
आसमाँ था उसको प्यारा...
माँगी उसने बहुत दुवायें
पर ख़ामोश रहा टूटता तारा...
बहुत हाथ फैलाये उसने
पर मिला ना उसको कोई सहारा...
जीत की खोज में निकला घर से
पर वो तो हर बार ही हारा...
चलता रहा वो लड़खड़ाते
यहाँ-वहाँ बस मारा-मारा...
जब सिसक-सिसक वो रो रहा था
हस्ता था ज़माना सारा...

हर जगह से टूटने लगा था
एक अकेला ख़्वाब बेचारा...

खिड़की के दो तरफ...

कुछ काटता है बार-बार अंदर
पर बाहर से किसी को दिखता नहीं...
आदत सी है दर्द सहने की
इसीलिए मैं चीखता नहीं...

सुकून चाहता हूँ
पर दर्द ने उसके लिए जगह ही नहीं छोड़ी...
मिल जाए कहीं हँसी
तो दे देना मुझको भी थोड़ी...

वक़्त हाथ में भाला लिए
मेरे सीने पे चढ़ गया है...
और मुश्किलों का कारवाँ
हद से आगे बढ़ गया है...

मौत लेने नहीं आती
और ज़िंदगी खुदखुशी पे अड़ी हुई है...
मेरी साँसें
खिड़कियों की दोनों तरफ बटी हुई है...

खिड़की के इस तरफ
मैं ज़ंजीरों से
ख़ुद को बांध रहा हूँ...

खिड़की के उस तरफ
खुले मैदान में
मैं भाग रहा हूँ...

खिड़की के इस तरफ
बंद कमरे में
मैं घुट रहा हूँ...
खिड़की के उस तरफ
नीले आसमान में
मैं उड़ रहा हूँ...

खिड़की के इस तरफ...
मैं ख़ुद को सुला रहा हूँ...
खिड़की के उस तरफ
मैं ख़ुद को जगा रहा हूँ...

खिड़की के इस तरफ
मैं ख़ुद को जला रहा हूँ...
खिड़की के उस तरफ
मैं ख़ुद को बुझा रहा हूँ...

ख़ैरियत

तुम ख़ैरियत पूछते हो
अगर मैं कहूँ... मैं ठीक नहीं...
तो फिर क्या?

मेरे अंदर मैं कैसा हूँ
तुम देखने आओगे?

एक जलता हुआ शहर है मेरे अंदर
बहुत अफरा-तफरी मची हुई है...
ख़्याल अपना आधा जला हुआ शरीर लेके... यहाँ-वहाँ भाग रहे हैं...
मन की चीखे दर्द के शोर में दब गई है...
ख़्वाबों के चीथड़े-चीथड़े बिखरे पड़े हैं...
मुश्किलें सब एक जगह आके...
अपना जाल बिछा रही है...
आसमान से सारे तारे टूट चुके हैं...
उमीदों से ना रुकने वाला ख़ून बह रहा है...
दिल का हाल तो पूछो मत...
वो तो कबसे राख हो चूका है बेचारा...
और मेरे अंदर मैं कहीं फसा हुआ हूँ...
क्या तुम मुझको बचाओगे?
क्या मेरे दर्द की तरफ हाथ बढ़ाओगे?
या तुम भी मेरे अंदर थोड़ी और आग लगाओगे...

मेरे अंदर मैं कैसा हूँ
तुम देखने आओगे?
तुम ख़ैरियत पूछते हो
अगर मैं कहूँ... मैं ठीक नहीं...
तो फिर क्या?

तू आगे बढ़...

कठिन रास्ता... ख़्वाब एक जुट... मंज़िल दूर... सफर मज़बूत...

धुप जलन... ज़िद्दी लगन... उम्मीद कफ़न... कैसी चुभन...

हार दरार... जीत आर पार... जूनून सवार... होंसला तैयार... मेहनत हथियार...

साथ करतार... तानों का वार... तो मैं तलवार...

सामने आईना... उसमें मेरा प्यार...

जो करना है कर क्या अगर मगर... लोहा जिगर...

डर को भेज तू अपने घर...

ख़ुद को आग में सेख तो पकेगा... स्वाद चखेगा...

जलेगा गलेगा दूर तक चलेगा... रेत पे खिलेगा...

ख़ून उबाल... अटूट ढाल... लकीर कपाल... ज़ख़्मी खाल...

भेद जाल... चल दे चाल... सितारों से क्या मलाल... क्या सवाल...

कलेजा तेरा लोहे का... तूफान तू जवाला तू बारूद तू...

अब कर चढ़ाई... पहाड़ से दहाड़... दर्द को कर बाहर...

कैद मन... आज़ाद कर... कैसी फिकर... गुज़र बसर...

जिस्म को है कहर... पर आत्मा अजर अमर...

तू आगे बढ़... तू आगे बढ़...

पहाड़ो को पता है...

शहर की भाग दौड़ में
कुछ नहीं रखा है...
असल में क्या है ज़िन्दगी
पहाड़ो को पता है...

अब हाथ थाम ले... हवाओं का तू...
चल अब घर से निकल
और ले आ सुकूँ...

ख़ामख़ा ही क्यों... परेशाँ है तू...
चल अब घर से निकल
और ले आ सुकूँ...

शहर की भाग दौड़ में
कुछ नहीं रखा है...
असल में क्या है ज़िन्दगी
पहाड़ो को पता है...

फूल पत्तियों की... अलग है कहानी...
रस से भरा है... झरनों का पानी...
नीला आसमाँ है... चमकीला नूरानी...
कुदरती नज़ारे... रुमानी रुमानी...

...

शहर की भाग दौड़ में
कुछ नहीं रखा है...
असल में क्या है ज़िन्दगी
पहाड़ो को पता है...

पनडुब्बी पे होके सवार...

गहराईयों का कद नापने
चलो हम चलें
समुन्दर के भीतर...

नज़ारें लूटने को
बैचैन दिल चलो हम चलें
समुन्दर के भीतर...

पनडुब्बी पे होके सवार
मछलियों के शहर में...
बसाये हम अपना घर-बार... संसार...
पनडुब्बी पे होके सवार...

जलपरी-जलपरी कहाँ हो तुम?
तुम्हारे साथ में तैर ना है हमको...
सीपियों के ताले खोल कर के
मोतियों को रिहा करना है हमको...
कछवो की पीठ पे बैठ के जाना है
जाना कहाँ है नहीं है पता...

पनडुब्बी पे होके सवार
मछलियों के शहर में...
बसाये हम अपना घर-बार... संसार... पनडुब्बी पे होके सवार...

मुसाफिर दिल...

उड़न तश्तरी लेके चल दिए
दूर कहीं मुसाफिर दिल...
आकाश गंगा में गोते लगाने
उड़न छु हुए मुसाफिर दिल...
अंतरिक्ष में लापता
धरती के मुसाफिर दिल...
एक नयी दुनिया ढूंढ़ने
चल पड़े मुसाफिर दिल...
उड़न तश्तरी लेके चल दिए
दूर कहीं मुसाफिर दिल...
देखे हैं हमने कई नज़ारे
चमकते-दमकते सितारों की दुनिया है सबसे हसीं...
चाँद के हैं हम तो दीवाने
इसके जैसा नूरानी कहीं पे भी कोई नहीं...
उड़न तश्तरी लेके चल दिए
दूर कहीं मुसाफिर दिल...
आकाश गंगा में गोते लगाने
उड़न छु हुए मुसाफिर दिल...

कुछ तो कहेंगे लोग आते-जाते...

कुछ तो कहेंगे
लोग आते-जाते...
घर टूट जाते हैं
लोगों की बातों में आके...

सीलन पड़ी हो
रिश्तों में या...
दरारे हो दरमियाँ...
मन का कौना सूना सा हो
या दिल पे बंधी बेड़ियाँ...

दुनिया की तुम सुन ना नहीं
दुनियाँवाले तो आग लगाते...

कुछ तो कहेंगे
लोग आते-जाते...
घर टूट जाते हैं
लोगों की बातों में आके...

औरत...

जो औरत की इज़्ज़त करे
वो ही मर्द महान...
मर्द की पहचान ही है
औरत का सम्मान...

जानते हो एक औरत क्या चाहती है?
एक औरत चाहती है की
मुछो को ताव देने वाले
दुप्पटे का ख़्याल रखें...
बाज़ुओ में दम रखने वाले
आँचल की ढ़ाल बनें...

वो ध्यान रखें की आँखों से काजल बह ना जाए
मर्द होने की नादानी में
मुर्दानगी पीछे रह ना जाए...
मर्द अगर तुम सच में आज़ाद रहना चाहते हो
तो औरत को कभी कैद मत करना...
सीना गर्व से फुलाके चलना है तो
औरत मर्द में भेद मत करना...

हम फूलों की तरह हैं
हमे अच्छे से खिलने दो...
तितलियाँ आसमाँ छूना चाहती हैं

हम तितलियों को उड़ने दो...
मर्द ही औरत का असली गहना है
एक औरत को मर्द से बस इतना ही कहना है...

नटराज...

तांडव करेगा आज
भक्त नटराज का...
डमरू की डम-डम पे
नाम महाकाल का...

नटराज आपकी ही धुन पे
नाचती है दुनिया सारी...
हम सभी तो पुतलियाँ है
आप सबके हो मदारी...

नटराज... महादेव... नटराज...
जैसे आपका डमरू बाजे
डम डम डम डम...
वैसे नाचे हम हम हम हम...

जटाओ में बाँधी है
दुनिया की ये डोर...
चारो तरफ मचा है
भोले का ही शोर...
समय भी और प्रलय भी आप
आप हो हर ओर

नटराज... महादेव... नटराज...

मैं आवारा कहीं का... या आवारा कहीं का नहीं

मेरे सामने... मैं खड़ा हूँ...
पर असल में... मैं कहाँ हूँ...
मेरे सामने जो मैं हूँ
वो मैं... मैं कहाँ हूँ...

मैं... मैं ही हूँ या
कोई और हूँ...
ऐ फरेब-ऐ-नज़र
मुझको बता की मैं कौन हूँ...

मैं आवारा कहीं का... या आवारा कहीं का नहीं...

मेरी मौजूदगी तो है
पर मेरा वजूद लापता है...
ऐ फरेब-ऐ-नज़र
हकीक़त कहाँ है...

मेरा बनाया ढोंग है...
किरदार मैं कौनसा हूँ...

मेरे सामने... मैं खड़ा हूँ...
पर असल में... मैं कौनसा हूँ...
मैं आवारा कहीं का... या आवारा कहीं का नहीं...

ख़ुद ने ख़ुद को कैद किया है
रिहा भी ख़ुद को करना होगा...
ख़ुदी से कर्ली दुश्मनी
ख़ुदी से ख़ुद को लड़ना होगा...

ख़ुद मैं ख़ुद का क्या करूँ
ख़ुद ही ख़ुद को भूल गया हूँ...

मेरे सामने... मैं खड़ा हूँ...
पर असल में... मैं कौनसा हूँ...

मैं आवारा कहीं का... या आवारा कहीं का नहीं...

ओ कान्हा...

पंघट पे बजाए रे मुरलिया...
छुप-छुप के मोहे मारे कंकड़ियाँ...
सुध बुध खो बैठी ये राधा
प्रेम में तोरे ओ रे कन्हैयाँ...

ओ कान्हा... मैं तो तोरे प्रेम में हारी...

काहे तुम गोपियों संग कान्हा
मिश्री सा मधुर बतियाते हो...
काहे कान्हा काहे मोरा
मनवा तुम जलाते हो...

ओ कान्हा... मैं तो तोरे प्रेम में हारी...

कान्हा कान्हा जपती फिरूं मैं...
कान्हा कान्हा नचती फिरूं मैं...
राधा तेरी धुन में मगन कान्हा...

ओ कान्हा... मैं तो तोरे प्रेम में हारी...

मारे देस री गलियाँ...

राही घूमे डगर-डगर घणी भावे मारे देस री गलियाँ
रे मारे देस री गलियाँ...
मंज़िल कोनी चाई री भया
सफर में मस्ती मौज है बढ़िया...
रे मारे देस री गलियाँ...

आवारा राही... बेहोश ख़ानाबदोश...
भटकता फिरे ये
मुसाफ़िर पूरा मदहोश...
बंजारो सा दिल
भीड़ में है खामोश...
ना है कोई भी ठिकाना
और दिन रात रहता नहीं है होश...

ऐ सफर... तेरी आग में...
राख होने तक जलना है...
यहाँ वहाँ बैठे बैठे थक गया दिल...
अब इसे बस चलना है...

राही घूमे डगर डगर घणी भावे मारे देस री गलियाँ
रे मारे देस री गलियाँ...
मंज़िल कोनी चाई री भया
सफर में मस्ती मौज है बढ़िया...
रे मारे देस री गलियाँ...

जीमो बजरा री रोटी
सांगरी रो साग...
मारे देस में आओ नाचो
गाओ घूमर रो राग...

मन से निकाले हम रावण को कैसे?

मन से निकाले
हम रावण को कैसे?
बोलो कैसे हम बने
रामजी के जैसे...

हृदय में कैसे प्रेम भावना लेकर आएं...
नफरतों की लंका जाने कैसे हम जलाएं...

प्रेम का अर्थ हमको
रामजी सिखा दो...
भटके हुए हैं हम
राह दिखा दो...
मतलबी हैं सब
हमको ज्ञान ज़रा दो...
दिखावे की दुनिया से
हमको बचालो...

क्यों पापी बन रहे हैं
सब इस युग में...
क्यों रामजी भी गुम हुए हैं
कलयुग में...

. . .

आप जैसा संयम लाए कहाँ से...
आप जैसा ज्ञान हम पाए कहाँ से...
मन से निकाले हम रावण को कैसे...
बोलो कैसे हम बने रामजी के जैसे...

भारत सेना...

भारत सेना का सीना लोहे से बना है
कितनी ही तलवारे पिघलाके
बारूद के जिगर में
साहस को भरा है...
आग से बनाई है हिम्मत
ख़ून को गरम कर के
सरहद पे अंधेरों से लड़ा है...
हमारे उजाले के लिए बहादुर
धुप पहनके खड़ा है...
गुलाबों के लिए
काँटों पे चला है...
दिमा़ग ख़ुद एक हथियार है
जिस में समझदारी और कला है...
देश की गोद में
बब्बर शेर पला है...
जब शेर की वर्दी वहाँ गोली खाती है
तो यहाँ घर में... चुड़िया दम तोड़ देती है...
नन्हें फूल मुरझाते हैं...
नन्हीं तितलियाँ पंख खोती है...
आँगन में बूढ़ा खाट सिसकता है...
लोरी का आँचल जलता है...

गर्व से छाती चौड़ी होती है...
देश मुछो को ताव देता है...
और शहीद के आगे सीर झुका के
दिल उसे सलाम कहता है...

पाकीज़ा...

सुबह की अज़ान हो तुम
मेरे लिए तो मेरा जहान तुम...
पाकीज़गी है तेरे हर अक्स में
इश्क़ सी हो बसी
तुम मेरी नब्ज़ में...
ओ पाकीज़ा... ओ पाकीज़ा...
तुमसा है नहीं कोई यहाँ...

तुम बांधलो धागे मज़ारो पे...
मैं मांगलूँ तुम को दुवाओं में...
ईद का चाँद हो तुम
नूर से भरा आसमान तुम...

ओ पाकीज़ा... ओ पाकीज़ा...
तुमसा है नहीं कोई यहाँ...

इब्न-ए-अली...

पीर दा परिंदा रब्बा
कल्ले कल्ले उड़ दा फिरे
जब तलक सुकूँ ना मिले हु...

मिट्टी दा घड़िया लिए
प्यासा प्यासा छल्ला चले
जब तलक सुकूँ ना मिले हु...

ओ फ़कीरा
जग नूं छोड़ पिंजरा तोड़ दे तू...
ओ रे क़लंदर
फलक दा पर्वाज़ी बाशिंदा है तू...

क़िब्ला काबा कर दे करम तू...
मुर्शिद मौला कर दे करम तू...
मेरे ज़ख़्मों का मरहम तू...
इब्न-ए-अली अब कर दे रहम तू...

क़िब्ला काबा कर दे करम तू...
मुर्शिद मौला कर दे करम तू...
मेरे ज़ख़्मों का मरहम तू...
इब्न-ए-अली अब कर दे रहम तू..

मुझे फर्क नहीं पड़ता...

मुझे फर्क नहीं पड़ता
ताली मारो या गाली दो यार...
है ढोंग दिखावा दुनियादारी
सब साले मक्कर...
जेब हरी भरी है तो है
सबको तुमसे प्यार...
मतलब कि है दोस्ती
है मतलबी संसार...
सब यहां झूठे हैं
सब पापी हैं यार...
रूह किसी के पास नहीं
सब साले कंकाल...
फरेबी सब का मन है
और दिल से हैं बेकार...
सब हैं यहां ज्ञानी
पर सच में सब गवार...

काफी है...

नायक ना बन सकूँ मैं शायद
अच्छा किरदार बन जाऊं काफी है...
जीवन के इस मंच पे
अच्छी कहानी कह जाऊं काफी है...

दुनिया तो समझदार है
पर मेरी नादानी कुछ काम आये तो काफी है...
कहीं भीड़ में ही सही
पर तहज़ीब से मेरा नाम आये तो काफी है...

मुझे लूट लो... या मरम्मत करो...

मुझ में कुछ अच्छा हो तो मुझे लूट लो...

और कुछ बुरा हो तो उसकी मरम्मत करो...

क्षितिज का रास्ता मत बताना... क्यों की ना ज़मीन नसीब होगी ना आसमान...

मुझे शुन्य की कीमत पता है... उसने ख़ाली जेबो को तिजोरी में तब्दील किया है...

और तिजोरियों को रास्ते पे हाथ फैलाये खड़ा किया है... मुझे ख़्वाब मत बेचना...

क्यों की मैंने मेहनत को भेजा है उसे कमाने... सितारें और ये गृह कितनी भी टांग अड़ा ले...

मैंने आकाश गंगा को मेरे अंदर देखा है वहाँ अँधेरे ने रौशनी से पहचान कराइ है...

अगर चमक थोड़ी ही बना पाऊँ चमकने के लिए तो मेरे लिए तुम थोड़ा ज़री का काम करवालेना...

मुझ में कुछ अच्छा हो तो मुझे लूट लो...

और कुछ बुरा हो तो उसकी मरम्मत करो...

तुम... मैं... and Blah! Blah! Blah!

कुछ ख़याल

1. एक लिफाफे में कैद है
   तेरा पुराना झूठा वादा...
   उसमें तेरी लिखाई है
   और होंठ का निशाँ है आधा...

2. जो मिल ही नहीं सकता
   वो ही चाहिए...
   ओ मेरी प्यारी किस्मत
   ज़रा सितारों को समझाइये...

3. जीना है तो पहले थोड़ा सा मरना होगा
   फूल चाहिए तो कांटो से भी लड़ना होगा
   ऐसे ही छाँव नहीं मिलेगी
   पहले धुप में थोड़ा सा जलना होगा

4. हर शक़्स का रास्ता अलग है...
   मंज़िल अलग है...
   फिर तुम कैसे पता बता सकते हो...
   थोड़ा भटकने दो...

5. मेरी दीवारों पे... अभी-अभी दरारे पड़ी है
    मरम्मत करना भी आ जायेगा...
    सिख रहा हूँ... दुनियादारी
    समझ... समझना आ जायेगा...

6. तुम थोड़ी छाँव तो लाओ
    फिर देखो... धुप के टुकड़े-टुकड़े हो जाएंगे...

7. पुष्प सुंदरियों... भँवरे प्रेम के
    तोरे प्रेम अग्नि... में ये जल रहे...
    फुलवारी का द्वार खोल दो
    तोहे भी प्रेम है हृदय से बोल दो...
    रूपवती... शशि से भी सुन्दर...
    इस हृदय को... आत्मा को... लुभाये...
    मधुर सुगंध... मन को... तन को भाये...

8. तुम मेरा उजाला बनो तो
    अँधेरे हमसे ना बच पाएंगे...

9. ऐसे ही यहाँ तक नहीं पहुंचा हूँ
    बेहद ठोकरों को लात मारी है...
    हार से क्या डरना... हार मुझसे
    कई बार हारी है...

10. गुड़ दहीं खाके निकला घर से
    और बिल्ली ने रास्ता काट दिया...
    अब किस पे विश्वास करूँ...
    शगुन का साथ निभाऊं या
    अपशगुन के पास रहूं...

11. ऐ ना समझ तू दरियाँ में ना रह पाई
तो नदियाँ में क्या तैरेगी...
अच्छे लम्हों में तू संग नहीं
तो मुश्किल में क्या ठहरेगी...

12. तेरे हर झूट को सच माना है
और कितनी मोहब्बत करूँ तुझसे
तुझे क्या पता
सीने में कितने खंजर चुभते हैं
कभी आके पूछ मुझसे...

13. थोड़ा और ठहर जाती तो
रेत में भी फूल खिल जाता...
थोड़ा सा संयम रखती तो
जो चाहिए था मिल जाता...

14. कस्तूरी थी पास मेरे और मैं कहीं दूर
खुशबू ढूंढ रहा था...
कस्तूरी के होते हुए
मुरझाये फूल चुन रहा था...

15. वो गुलाब सी थी पर सुना है
अब वो किसी काँटे की हो गई है...
वो महक रही है वहाँ
और उसकी खुशबू यहाँ रह गई है...

16. वहाँ दूर... और दूर देखो
आसमाँ ज़मीं पे लेटा है
पास जाओगे तो
दूरियाँ पता चलेंगी...

17. तुम वहीं रह गई
     और मैं बहुत दूर निकल गया हूँ
     यहाँ से इश्क़ बहुत सुन्दर नज़र आता है...

18. कुछ कहना था
     पर चिड़िया तो उड़ गई...
     आवाज़ आ रही है तो सुन
     तूने जिसपे घर बनाया था
     वो टहनी टूट गई...

19. मैं इंतज़ार करते रह गया
     पर हिचकियाँ आयी ही नहीं...
     तुम्हें तो बार-बार
     पानी पीना पड़ा होगा...

20. खट-खट कोई है अंदर????
     उस ओर से आवाज़ आयी
     मैं नहीं हूँ...

21. रूह के बिना जिस्म तो
     बेमतलब का लिबास है...
     दरिया से गुज़र के भी
     जो ना बुझे तू वो प्यास है...

22. तुम्हें भी कुछ चाहिए उनसे
     उन्हें भी कुछ चाहिए तुमसे
     घबराना बंद करो
     ये मतलब का कारोबार
     तो चलता रहेगा

23. पेड़ो को कम होते देखा
    फिर पता चला... अरे वाह...
    गाँव तो शहर बन रहा है...

24. मैंने तो रिश्ता कस के बाँधा था
    शायद धागा तुम लाई थी...

25. एक पौधा ऊगा नहीं पाए
    बात करते हो खजुरी की...

26. मैं तैयार हूँ
    आ नाकामयाबी टकरा मुझसे...

27. कितनी तनख़्वा कमा लेते हो?
    किसी ज़हर का विज्ञापन लगता है...

28. मैं तो दूर चले जाऊँगा पर वादा करो
    तुम कभी पास नहीं आओगी...

29. गिर जाऊं तो उठाना मत मुझे
    पैरो पे खड़ा होना ऐसे ही सीखा है...

30. कितनी भी ख़ामोशी हो
    अब टूटी चीज़ो का शोर सुनाई नहीं देता...

31. देखो तुम्हारे जाने से
    ज़माना मुझे लफंगा कहने लगा है...

32. बेवजह मुस्कुराता हूँ
    तुम्हारे आने के लक्षण
    ठीक नहीं लगते...

33.	मैं भूलना चाहता था
और वो चाहती थी याद आना...

34.	मैंने पूछा
क्या मैं तुम्हें याद आता हूँ??
उसने कहा तुम कौन?

35.	फासले नहीं होते तो
तुम कितनी पास थी
पता ही नहीं चलता...

36.	नहीं चाहिए अब तू
ख़ाली बोतल से मेरा क्या होगा...

37.	तुम सारी रौशनी ले गई
और मेरे सितारे चमकने लगे...

38.	वो बोल के गयी
मैं नहीं जाउंगी
और लौट के आयी ही नहीं...

39.	काश तुम्हें कोई छोड़ के ना जाए
वरना इश्क़ तुम्हें भी नसीब हो जाएगा...

40.	तुम गुस्सा मत करो
तुमपे प्यार आजाता है...

41.	तुम्हे रुलाना नहीं चाहता
पर तुम्हारे बचपने से मिलना
अच्छा लगता है...

42. इतना भोला था मैं
की ख़ुद को चालाक समझता था...

43. हस्ते खेलते जीत दे दूंगा ज़माने को
अगर हार मैं वो मिलजाए...

44. तुम क्यों मिली
जब मिल नहीं सकती थी...

45. यहाँ मैं कहता रहा वो मेरी है
वहाँ वो किसी और से कह रही थी
मैं तेरी हूँ...

46. बैठे-बैठे थकावट हो गई है
तुम्हारी यादें जो भागती रहती है...

47. तुम्हें खो के इतना ही फायदा हुआ की
अब मेरा कोई नुक्सान नहीं होगा...

48. तुम कहो तो बद्तमीज़ियां उतार कर फेंक दूँ
पर तुम मरती भी उन्हीं पे हो...

49. तुम भी तोडना चाहती हो मुझे...
पर... पहले मुझे जोड़ना पड़ेगा...

50. रातों रात नहीं मिलती
घने अँधेरे में भटकना पड़ता है
तब जाके चमक-दमक नसीब होती है...

51. वो तो दुवाएँ करते हैं
मेरी लम्बी उम्र की...
और मैं तो जीता हूँ
ताकि उनके लिए मर सकूँ...

52. बेहतर होता
हम पहले दिन से लड़ते-झगड़ते...
ये ज़हर का पता... अमृत पिने के बाद क्यों चला...

53. बहुत दूर तक जा रही थी मेरी नज़रें
बिच में तुम्हारे चेहरे ने बाँध के रख दिया...

54. तुमने मुझे तोड़ दिया
इस बात का ग़म नहीं है...
ग़म इस बात का है की
तुम मुझे जोड़ने नहीं आयी...

55. वहाँ हवाओं की बहार छा गई
यहाँ सूखे पत्तो की लाश आ गई...

56. मेरी छत पे
तुम भी अचार सूखा सकती थी...
मेरी माँ को
तुम भी माँ बुला सकती थी...

57. तुम्हें कोई अच्छी मिल जाएगी
पर मुझे तो बुरी ही चाहिए...

58. इन बड़ी-बड़ी इमारतों ने
घर के आँगन चुरा लिए...

59. पता होता की मोहब्बत में इतना दर्द होता है
तो पहले दर्द से मोहब्बत करता...

60. मैंने तो सुना था मोहब्बत एक बार होती है
पर मुझे तो कई बार हो गई है उस से...

61. चिंगारियों का खेल है
बारूद तो आग में जलेगा...

62. इंतज़ार के बारे में उनसे पूछो
जो लौट के ना आने वालो से मोहब्बत करते हैं...

63. उसे नहीं संभालोगे
तो बाद में उसकी चीज़े संभालनी पड़ेगी...

64. शायर से मोहब्बत की है तुमने
अब मेरी शायरी में आना पड़ेगा...
कब तक झूठ कहोगी तुम
सच नज़्मों से बताना पड़ेगा...

65. मेरी प्यारी तितली... खूब उड़ना...
बस किसी और की बाँहों में अपने पंख मत उतारना...

66. ये नकली हँसी का पहनावा अच्छा है
कहाँ से लिया?
पर सच कहूं... तुमपर जचता नहीं...

67. तुम्हारे नखरों का वज़न कितना भी हो
मैं उठाने को तैयार हूँ...

68. तुम्हारे नखरों से तो जंग जीत ली थी
पर अदाओं से आज भी हार जाता हूँ...

69. इतनी परेशां क्यों हो?
आओ तुम्हारे माथे पे अपने ठन्डे होंठ रख दूँ...

70. तुम तो बस मौसम के मज़े लो
पत्तो का झड़ना... अभी समझ नहीं आएगा...

71.	तुझसे दोपहर की गर्मी नहीं
	सर्दी की सुबह मांगी थी...

72.	बड़ा ख़ौफ़नाक नज़ारा था
	मुझसे लिपटने वाली खुशबू
	कहीं और घुल रही थी...

73.	देखा देखि करने में
	अफ़सोस... तुमने ख़ुद को देखा ही नहीं...

74.	समझदारी की बाते करने लगी हो
	पर तुम्हारी बकवास का कोई मुक़ाबला नहीं...

75.	फूलों से कुछ ख़ास लगाव नहीं
	कुछ काँटे बस खुशबू लेने आते हैं...

76.	प्यार का किरदार रहस्य से भरा था
	अंत में मालुम हुआ
	की नायक ही खलनायक है...

77.	ज़्यादा से थोड़ा कम...
	और कम से थोड़ा ज़्यादा...
	बस इतनी सी मोहब्बत दे दो...

78.	एक छोटी सी इल्तेजा है तुमसे
	अपनी हरकतों को यहाँ छोड़ के जाओ...

79.	अफरा-तफरी है सीने में
	धड़कने तेज़ भागने लगी हैं...
	तुम्हारे होंठों को इस क़दर
	मेरे होंठों के पास ठहराओ मत...

80.	तुम्हारे इतना करीब रहना चाहता हूँ की
	दूरियाँ अपना कद नाप नहीं पाए...

81.	आज जवानी को छुट्टी दे दी है
	बचपन को भेज देना
	जिस्म का तमाशा नहीं
	रूह का किरदार समझेंगे...

82.	दो पत्ते करीब आ रहे थे
	की आंधी आ गई...

83.	मछली को पर चाहिए
	शायद उसको समंदर में
	आसमान मिल गया...
	कहीं उड़ने की चाह में
	तैरना ना भूल जाए...

84.	आटे को भी तपना पड़ता है...
	रोटी बनने के लिए...
	जीवन को थोड़ी तो धुप
	चखनी पड़ेगी ना...

85.	मेरे और उसके होंठों का आपसी मामला है
	इन्हें आपस में लड़ने दो...

86.	कपकपाती काया को मिला
	आग का साया...
	सर्द में किसीने
	अलाव जलाया...

87. तुमने मुझे इलाका बना रखा था
जबकि मैंने तुम्हें
मेरा शहर माना था...

88. ए मेरे पागल दिल
ज़्यादा उछल ना बंध कर
वो सिर्फ अभी मुस्कुरायी है...

89. ठंड में तुम्हारा जिस्म
उन सा लगता है...

90. ऊब गया हूँ... तुम्हारी समझदारियों से...
नादानियों को वापिस ले आओ...

91. ऐयाशी करने के लिए
तुझे गले नहीं लगाया था...
तुम जिस्म से लिपट रही थी
और मैं रूह से मिलने आया था...

92. तेरी ओर आने के लिए
ज़ंजीरों ने मेरे पाँव पकड़ लिए हैं...

93. सूरज की भी क्या किस्मत है
जिस ओर सूरज उस ओर
उसकी सूरजमुखी...

94. कंगारुओं सा उछल रहा है दिल
तुम्हारी हाँ... लम्बी छलांग लायी है...

95. मेरे बदन को ऐसा लग रहा है
जैसे तुम्हारे होंठ मोर के पंख फेर गए हो...

96. हाँ... मैं कंजूस हूँ...
जब बात तुमपे गुस्सा लुटाने की हो...

97. मुझे तो मेरा काम ही आराम लगता है
थकान तो उस से दूर रहने में है...

98. बारिश हो रही है
तुम्हारी सुरीली आवाज़ से पूछो...
कजरी सुनाएगी...

99. पत्तो के चहरे बदल गए हैं
धुप सेकते-सेकते...
हम भी कुछ वैसे ही हो गये हैं
उन्हें देखते-देखते...

100. तुम्हें मनाने के लिए ही तो
तुम्हें नाराज़ करता हूँ...

101. तुम्हारे झुमको से कहो
ज़्यादा इतराये नहीं...
वो खूबसूरत तुम्हारी वजह से लगते हैं...